PETER KOLB

DIE RÖMER BEI UNS

Bibliografische Information der Deutschen Nationalbibliothek

Die Deutsche Nationalbibliothek verzeichnet diese Publikation in der Deutschen Nationalbibliografie; detaillierte bibliografische Daten sind im Internet über http://dnb.d-nb.de abrufbar.

In Zusammenarbeit mit dem
MPZ, Museumspädagogisches Zentrum München

Das MPZ entwickelt und realisiert Museums- und Stadtführungen, Werkstattprogramme, Fortbildungen und Freizeitveranstaltungen. Es berät Museen bei didaktischen Fragen und veröffentlicht Schriften zu Museen und zur Museumspädagogik. Mehr zum MPZ unter www.mpz-bayern.de.

© WOCHENSCHAU Verlag, Dr. Kurt Debus GmbH, Frankfurt/M. 2020

www.wochenschau-verlag.de

Alle Rechte vorbehalten. Kein Teil dieses Buches darf in irgendeiner Form (Druck, Fotokopie oder einem anderen Verfahren) ohne schriftliche Genehmigung des Verlages reproduziert oder unter Verwendung elektronischer Systeme verarbeitet werden.

Text: Dr. Peter Kolb
Redaktion: Dr. Brigitte Wormer, Henrike Bäuerlein M.A.
Grafik: k2o, Klaus Ohl, Wiesbaden
Gesamtherstellung: Wochenschau Verlag

ISBN 978-3-7344-0886-1 (Buch)
E-Book ISBN 978-3-7344-0887-8 (PDF)

Inhaltsverzeichnis

Vorwort	7

Die Römer in Deutschland — 9

Der Beginn der römischen Herrschaft — 9
Die Varusschlacht — 10
Römische Provinzen in Deutschland — 11
Eine 550 Kilometer lange Grenze — 13

Bis zum Ende der römischen Herrschaft — 17

Die erste germanische Völkerwanderung — 17
Das geschwächte Römische Reich — 19
Die Reaktion Roms — 20
Die zweite germanische Völkerwanderung — 22
Germanen im Weströmischen Reich — 24
Der Abzug der Römer — 25

Die römische Armee — 29

Der Aufbau des römischen Heeres — 29
Die Legion — 29
Die Hilfstruppen — 31
Das spätrömische Heer — 32
Die Flotte — 33
Die Kastelle — 34
Kleinkastelle der späten Kaiserzeit — 37

Vom Leben der römischen Soldaten — 39

Aufgaben — 39
Verdienst — 41
Verpflegung — 42
Unterkünfte — 43
Die Entlassung aus dem Militärdienst — 45
Kleidung — 46
Kopfschutz — 48
Brustpanzer — 49
Waffen — 50
Paraderüstung der Reitereinheiten — 54

Der Verkehr im Römischen Reich — 57

Straßen- und Brückenbau — 57
Wechsel-, Rast- und Polizeistationen — 60
Landverkehr — 61
Schiffsverkehr auf Flüssen — 62
Orientierung — 63

Der römische Handel — 65

Die römische Währung — 66
Münzprägung — 68
Die Kaufkraft des Geldes — 69
Die Maßeinheiten der Römer — 70
Waren für den Fernhandel — 71
Römische Waren bei den Germanen — 73

Inhaltsverzeichnis

Die Provinzen — 77
- Die Verwaltung der Provinzen — 77
- Die Bevölkerung — 78
- Freie Provinzbewohner — 81
- Sklaven — 81
- Freigelassene — 82

Wohnen in den Provinzen — 85
- Römische Siedlungen — 86
- Römische Häuser — 88
- Die Einrichtung der Häuser — 91

Römische Städte — 95
- Römische Stadtplanung — 95
- Die Entwicklung von Städten — 97
- Stadtviertel — 98
- Verteidigungsanlagen — 98
- Wasserversorgung und Kanalisation — 100
- Die Bauwerke einer Stadt — 102

Leben auf dem Land — 109
- Römische Gutshöfe — 109
- Landwirtschaft — 111
- Viehzucht — 113

Handwerk — 115
- Handwerksberufe — 115
- Die Handwerker — 116
- Römische Handwerkskunst in Deutschland — 118

Römisches Familienleben — 121
- Die römische Großfamilie — 121
- Geburt und Namensgebung — 122
- Kindheit — 123
- Schulzeit — 124
- Schreiben und Rechnen bei den Römern — 126
- Volljährigkeit — 128
- Ehe — 128
- Tod und Bestattung — 130

Kleidung in den Provinzen — 133
- Die römische Mode — 133
- Die Kleidung der einheimischen Bevölkerung — 140

Essen und Trinken — 143
- Römischer Geschmack — 144
- Getränke — 145
- Die Mahlzeiten — 145
- Küchen- und Tafelgeschirr — 147

Die Zeiteinteilung der Römer — 149
- Das römische Jahr — 149
- Die Monate — 150
- Die Wochentage — 151
- Sonn- und Feiertage — 153
- Tageseinteilung — 154
- Arbeitszeit — 155

Spiele und Freizeit	157	Der göttliche Kaiser	168
Kinderspiele	157	Die Erlösung aus dem Osten	169
Entspannung und Vergnügen für die Erwachsenen	158	Das Judentum	170
		Das Christentum	170
Freizeit im Bad	159		
Im Theater	161	**Namen damals und heute**	172
Tod in der Arena	162	**Bildnachweis**	174
Die Römer und ihre Götter	165		
Römische Gottheiten	165		
Einheimische Gottheiten in römischem Gewand	167		

Informationen zu den Eröffnungsbildern der einzelnen Kapitel

Seite 8: Die Römer auf dem Gebiet der heutigen Bundesrepublik Deutschland

Seite 16: Germanischer Söldner im römischen Dienst um 440 n. Chr.; Rekonstruktion nach Grabfunden aus Kemathen, Markt Kipfenberg (Bayern)

Seite 28: Das römische Heer überquert die Donau auf einer Schiffsbrücke; moderne Farbfassung einer Szene auf der Trajanssäule in Rom (Italien)

Seite 38: Verschiedene Mantel- und Umhangformen im römischen Heer. Die Kleidung wurde nach antiken Darstellungen angefertigt.

Seite 56: Ein römischer Pferdewagen mit Kutscher und Fahrgast (oben) sowie ein Lastensegler mit zwei Matrosen und verschnürter Ladung (unten); Grabrelief aus Jünkerath (Rheinland-Pfalz), um 200 n. Chr.

Seite 64: Römische Amphoren und andere Aufbewahrungsgefäße im LVR-Archäologischer Park Xanten (Nordrhein-Westfalen)

Seite 76: Einheimische Tracht der Provinzbewohner. Die Kleidung wurde nach Darstellungen auf Grabsteinen angefertigt. Von links nach rechts: Mann mit gallischer Tunika (um Trier), Frau in keltisch-norisch-pannonischer Tracht, wie sie in Ostbayern, Österreich und Ungarn üblich war, Mann in der Tracht der Gegend um Trier, Frau und Mann in der Tracht um Mainz.

Seite 84: Römisches Speisezimmer; Rekonstruktion nach originalen Funden in der Prähistorischen Staatssammlung München (Bayern)

Seite 94: Porta Nigra, ehemaliges Stadttor von Trier (Rheinland-Pfalz), mit einem ca. 30 Meter hohen Seitenturm, Baubeginn um 170 n. Chr.

Seite 108: Herrenhaus eines römischen Landgutes; Wandgemälde aus Trier (Rheinland-Pfalz), um 200 n. Chr.

Seite 114: Bronzekrug mit einer Darstellung des Schmiedegottes Vulkan vor einem Amboss aus dem Schatzfund von Weißenburg (Bayern), um 200 n. Chr.

Seite 120: Elternpaar mit Kind auf einem Grabmal aus Neumagen-Drohn (Rheinland-Pfalz), um 220 n. Chr.

Seite 132: Eine vornehme Römerin lässt sich die Haare legen; Grabrelief aus Neumagen (Rheinland-Pfalz)

Seite 142: Nachbau einer römischen Küche

Seite 148: Spätrömischer Steckkalender mit den Wochentagsgöttern (oben), den Monaten als Tierkreiszeichen (Mitte) und den Monatstagen (links und rechts)

Seite 156: Reste eines römischen Spielbretts mit Spielsteinen und Würfeln, Wiesbaden (Hessen)

Seite 164: Tempelschatz von Weißenburg (Bayern). Untere Reihe von links nach rechts: Minerva, Genius, Herkules, Jupiter; obere Reihe: Lar, Venus, Juno, Apollo, Merkur

Vorwort

Vor über 2000 Jahren kamen die Römer in das Gebiet des heutigen Deutschlands. Das ist lange her, doch noch heute finden wir an zahlreichen Orten ihre Spuren: Viele von uns wohnen in Städten, die ursprünglich von den Römern gegründet wurden. Wir fahren auf Straßen, die von ihnen angelegt wurden. Und auch in unserem Alltag gibt es vieles, das wir für ganz selbstverständlich halten, das aber in Wirklichkeit mit den Römern zu uns kam. Ob Fenster, Straßen oder Öl – die Römer brachten viel Neues mit und ebenso die Wörter dafür. Auch das lateinische Alphabet, in dem dieses Buch geschrieben ist, stammt von ihnen. So sind die Römer auf unterschiedlichste Weise immer noch bei uns.

Doch wie kamen die Römer hierher? Wie lebten und wohnten sie? Wie sahen ihre Häuser, ihre Kleider aus? Was aßen sie? Was haben sie gearbeitet, und wie haben sie ihre Freizeit verbracht?

In zahlreichen Museen in Deutschland und anderen europäischen Ländern, die damals alle zum Römischen Reich gehörten oder daran angrenzten, finden sich Ausstellungsstücke, die Antworten auf diese und viele weitere Fragen geben und Einblicke in die Geschichte und die Lebenswelt der Römer bieten. Das vorliegende Buch des Museumspädagogischen Zentrums stellt eine Reihe von ihnen vor und möchte Lust darauf machen, selbst vor Ort die Originale aus dieser weit zurückliegenden Zeit anzuschauen, die unsere Kultur so nachhaltig geprägt hat.

Dr. Josef Kirmeier, Leiter des MPZ

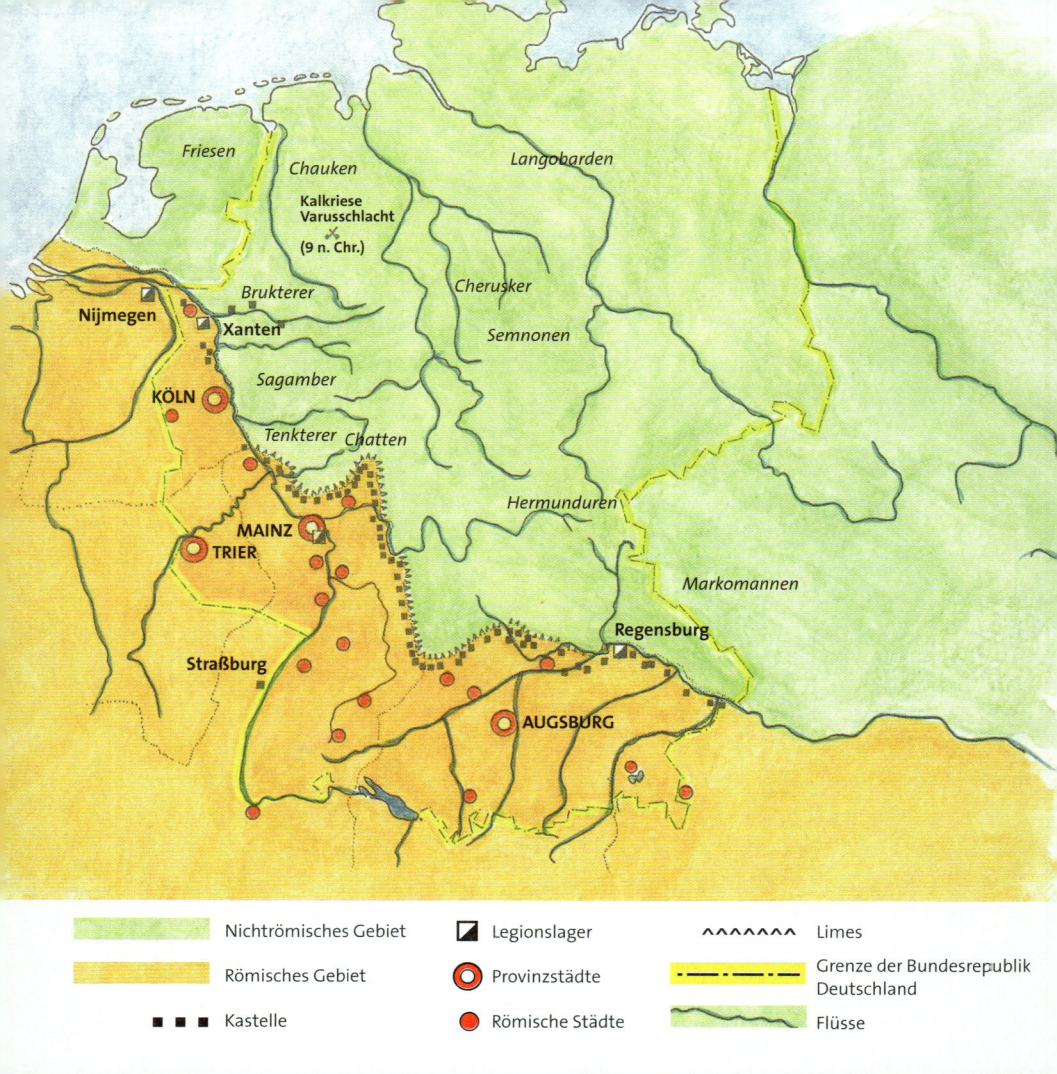

Die Römer in Deutschland[1]

Der Beginn der römischen Herrschaft

Die Römer kamen unter Julius Caesar in das Gebiet des heutigen Deutschlands. Im sogenannten Gallischen Krieg (58–51 v. Chr.) besiegten die Römer zahlreiche keltische Stämme (Gallier) und germanische Eindringlinge in Frankreich, Belgien, der Westschweiz und Deutschland bis zum Rhein und unterwarfen sie.

Kaiser Augustus auf dem Thron als siegreicher Herrscher über die Feinde Roms: Sein Nachfolger, der spätere Kaiser Tiberius, steht auf dem Wagen. Abguss der Gemma Augustea, 15 – 37 n. Chr.

Julius Caesar mit goldenem Kranz auf einer römischen Denar-Münze um 44 v. Chr.

[1] Für eine leichtere Orientierung werden in diesem Buch die heutigen Namen von Ländern, Orten und Flüssen benutzt. Natürlich gab es in der Römerzeit diese Länder noch nicht, und die Städte und Flüsse hießen anders. Wer die römischen Namen erfahren möchte, findet auf Seite 172 eine Tabelle dazu.

← **Die Römer im Gebiet der heutigen Bundesrepublik Deutschland, um 200 n. Chr.**

Als Augustus 27 v. Chr. die Macht an sich gerissen hatte und Alleinherrscher wurde, befriedete, ordnete und vergrößerte er das Römische Reich. Er ließ entlang des Rheins die Grenze ausbauen und dauerhafte Legionslager errichten.

Unter dem Kommando von Tiberius und Drusus, den Adoptivsöhnen von Kaiser Augustus, besiegten die Römer zahlreiche keltische Stämme, darunter die Raeter in den Alpen und die Vindeliker in Süddeutschland (15 v. Chr.). Dadurch kam das ganze Alpenvorland bis zur Donau unter römische Herrschaft.

Bei Feldzügen gegen die Germanen (12 – 9 v. Chr.) gelangten die römischen Truppen unter Drusus von Mainz und Xanten aus bis an die Elbe und besiegten oder vertrieben viele germanische Stämme.

Die Varusschlacht

Die Römer versuchten, ihr Herrschaftsgebiet auszudehnen. Doch als der römische Statthalter und Oberbefehlshaber Varus die neue Provinz einrichten sollte, erhoben sich unzufriedene germanische Stämme und Hilfstruppen gegen die Römer. Ihr Anführer war der Cheruskerfürst Arminius, der lange

Eiserne Maske eines Gesichtshelms mit Silberüberzug, gefunden auf dem Schlachtfeld von Kalkriese (Nordrhein-Westfalen)

Zeit mit seinen Kriegern für Varus gekämpft hatte und die Stärken und Schwächen der römischen Kriegsführung kannte. Im Herbst 9 n. Chr. lockte Arminius drei römische Legionen vermutlich bei Kalkriese in der Nähe von Osnabrück in einen Hinterhalt. In einer drei Tage andauernden Schlacht wurden über 20.000 römische Soldaten getötet.

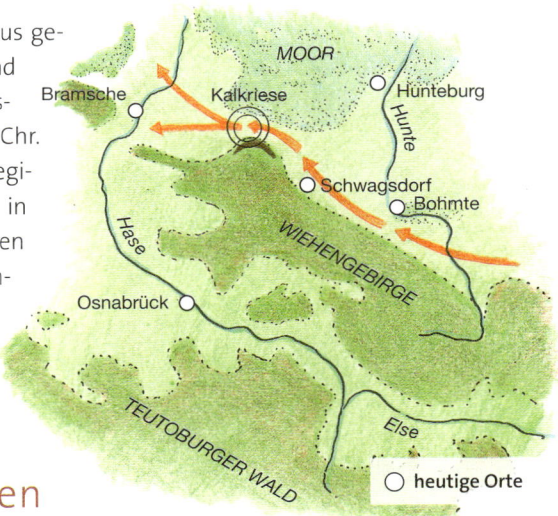

Der vermutliche Ort der Varusschlacht

Römische Provinzen in Deutschland

Nach der Schlacht bei Kalkriese zogen sich die Römer auf die linke Rheinseite zurück. Zum Schutz der verbliebenen Gebiete verstärkte Kaiser Tiberius (14 – 37 n. Chr.), der Nachfolger des Augustus, die Grenzverteidigung sowie die Rheinarmee und richtete zwei Militärbezirke ein. Der südliche Militärbezirk, der von Mainz aus verwaltet wurde, umfasste die Schweiz, die Vogesen in Frankreich, das Saarland und Rheinland-Pfalz. Der nördliche Militärbezirk mit Nordrhein-Westfalen und den Niederlanden wurde von Xanten aus verwaltet.

Da mehrere Strafexpeditionen gegen die Germanen wenig erfolgreich verliefen, überließ Tiberius den Germanen das Gebiet zwischen Rhein und Elbe und beendete 17. n. Chr. den römischen Vormarsch.

Um die Germanen für sich zu gewinnen, bestachen die Römer fortan einzelne germanische Häuptlinge mit kostbaren Geschenken. Als Gegenleistungen erwarteten die Römer Frieden und die Stellung junger Krieger für die römischen Hilfstruppen.

Zwei Silberbecher, Geschenk des römischen Befehlshabers Silius, Hoby auf der Insel Lolland (Dänemark), um 50 n. Chr.

Die Provinz Raetia im Süden

Nachdem die Römer das Alpenvorland (Süddeutschland) erobert und das keltische Königreich Noricum (Österreich) übernommen hatten, schienen sich die Stämme der Raeter, Vindeliker und Noriker mit der römischen Herrschaft abgefunden zu haben. Unter Kaiser Claudius (41–54 n. Chr.) wurde die Provinz Raetia mit der neuen Hauptstadt

Augusta Vindelicum (Augsburg) Teil der Römischen Reiches. Die Provinz umfasste die Südostschweiz, Vorarlberg, Tirol, die Zentralalpen sowie das Alpenvorland zwischen Bodensee, Donau und Inn. Das Gebiet östlich des Inns kam zur Provinz Noricum.

Die Provinzen Germania superior und Germania inferior im Westen

Im Westen Deutschlands wurden die rheinischen Militärbezirke (vgl. S. 11) erst unter Kaiser Domitian (81 – 96 n. Chr.) in Provinzen umgewandelt. So entstand ab 85 n. Chr. die Provinz Germania superior mit Mainz als Hauptstadt auf den Gebieten von Rheinland-Pfalz, Südhessen, Saarland, Baden-Württemberg und Teilen der Schweiz und Frankreichs. Zur Provinz Germania inferior mit Köln als Hauptstadt gehörten das westliche Nordrhein-Westfalen links des Rheins und die Niederlande. Trier wurde die Hauptstadt der Provinz Belgica.

Besiegte Germanen auf einer römischen Münze, um 85 n. Chr.

Eine 550 Kilometer lange Grenze

Um die römischen Gebiete und die Bevölkerung von Germania superior und Raetia zu schützen, errichteten die Römer zahlreiche Militärlager (Kastelle), bauten Straßen und begannen mit dem Ausbau der Grenze.

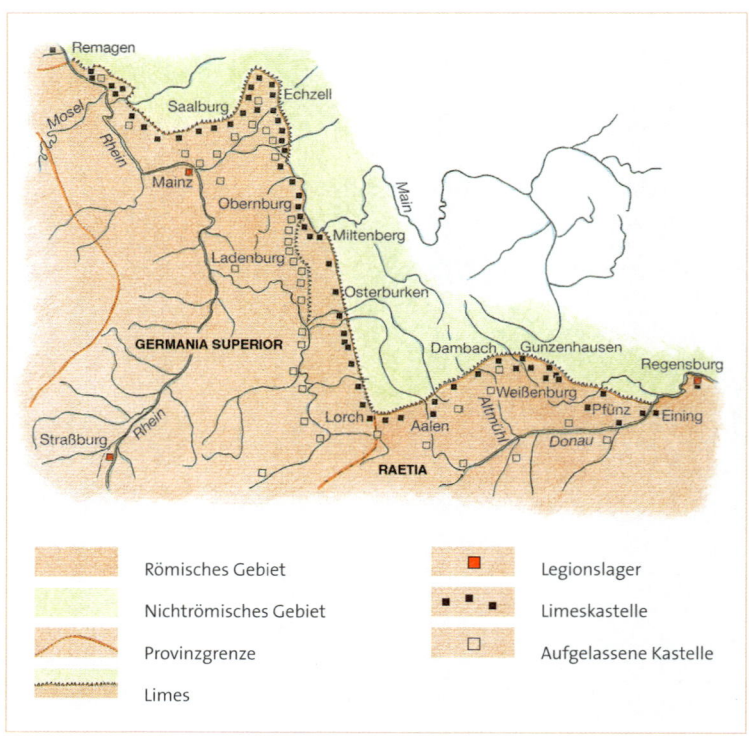

Der obergermanische und raetische Limes mit Kastellen am Ende des 2. Jahrhunderts n. Chr.

Die neue Grenzlinie, der Limes, war zunächst nur ein Weg durch die Wälder, der von Wachtürmen aus kontrolliert wurde. Um 100 n. Chr. wurde der Limes von Germania superior und Raetia zu einer richtigen Grenze ausgebaut und schrittweise nach Nordosten vorverlegt. Fortan schützten Wachtürme, Kastelle, ein Palisadenzaun, Erdwall und Graben oder eine Steinmauer die Grenze.

In Friedenszeiten war die Grenze offen, sodass Römer und Germanen miteinander Handel treiben konnten. In Kriegszeiten hingegen diente der Limes der Verteidigung.

Der obergermanische Limes mit Grenzmauer und Wachttürmen aus Stein, um 240 n. Chr., computergestützte Rekonstruktion: So könnte der Limes ausgesehen haben.

Bis zum Ende der römischen Herrschaft

Die erste germanische Völkerwanderung

Unter Kaiser Marc Aurel (161 – 180 n. Chr.) endete die friedliche Entwicklung in den Rhein- und Donauprovinzen, als germanische Stämme ihre Heimat an der Ostsee verließen und nach Süden zogen. Missernten und Hungersnot infolge einer andauernden Klimaverschlechterung waren wohl der Auslöser ihrer Abwanderung.

Auf der Suche nach besseren Lebensbedingungen und Beute fielen zuerst die Markomannen, Langobarden und Quaden in die römischen Donauprovinzen ein. Um die Donauprovinzen vor weiteren Angriffen zu schützen, schickte Kaiser Marc Aurel zwei neue Legionen von Italien an die Donau. Nach der Errichtung neuer Legionslager in Regensburg

Markomanne mit Sueben-Haarknoten. Darstellung auf dem Bronzekessel von Musov (Tschechien), um 170 n. Chr.

← Germanischer Söldner im römischen Dienst

Reste des Nordtores des Legionslagers Castra Regina in Regensburg (Bayern) um 179 n. Chr.

(in Raetia) und in Lorch (in Noricum) sowie der Beendigung der Markomannenkriege kam es in den Donauprovinzen zu einem wirtschaftlichen und kulturellen Aufschwung.

Während der ersten Völkerwanderung schlossen sich zuerst Krieger aus unterschiedlichen germanischen Teilstämmen zu Kampfverbänden und dann ganze Stämme zu großen neuen Stammesverbünden zusammen. Unter ihnen wurden die Alamannen und Franken zu den gefährlichsten Gegnern der Römer in Deutschland.

Die Alamannen, was so viel wie „alle Männer aus verschiedenen Stämmen" bedeutet, überschritten erstmals 213 n. Chr. den Main und durchbrachen ab 233 n. Chr. immer wieder den Limes. Sie verwüsteten die dahinter liegenden Gebiete und gelangten sogar bis nach Mailand, wo sie geschlagen wurden.

Die Gefahr für die Limesgebiete nahm zu, als sich ab 250 n. Chr. östlich des Rheins verschiedene germanische Teilstämme zu dem großen Stammesverband der Franken (übersetzt „die mutigen Männer"), zusammenschlossen, ab 257 n. Chr. den Rhein überquerten und das römische Germania inferior immer wieder angriffen.

Das geschwächte Römische Reich

Da die Kaiser nicht mehr in der Lage waren, den inneren und äußeren Frieden zu gewährleisten, riefen viele Grenztruppen ihre erfolgreichen Heerführer zu Gegenkaisern aus, um in ihren Gebieten selbst für Recht, Ordnung und Sicherheit zu sorgen. So kam es, dass in der Zeit der sogenannten Soldatenkaiser (235 – 284 n. Chr.) mehr als 50 Kaiser und Gegenkaiser ausgerufen wurden, gegeneinander kämpften und meistens nach kurzer Zeit ermordet wurden.

Da während der Bürgerkriege die römischen Truppen gegeneinander kämpften und die Sicherung der Grenzen nach außen vernachlässigten, nützten Alamannen, Franken, Vandalen, Burgunder und Sachsen

Der Hortfund von Neupotz (Rheinland-Pfalz) bestand aus über 1000 Einzelteilen. Beim Rückzug der Alamannen um 260 n. Chr. versanken die Gegenstände im Rhein.

die Schwäche der Römer und griffen auf breiter Front an. Sie überfielen Kastelle, Siedlungen, Städte sowie Gutshöfe und plünderten Köln sowie Trier. Bei ihren Beutezügen gelangten Alamannen und Juthungen sogar bis nach Rom (270 n. Chr.) und wurden erst auf ihrem Rückweg bei Augsburg geschlagen.

Die ständigen Angriffe der germanischen Stämme zwangen die Römer, den obergermanischen und raetischen Limes sowie die dahinter liegenden Gebiete aufzugeben und die römische Restbevölkerung auf die sichere linke Rheinseite umzusiedeln. So wurden große Teile Baden-Württembergs zum „Niemandsland" und allmählich von Alamannen besiedelt.

Ab ungefähr 290 n. Chr. bildeten die Flüsse Donau, Iller und Rhein die neue Reichsgrenze. Mit vielen Wachtürmen und neuen kleinen Befestigungsanlagen konnte die „nasse Grenze" bis zum Ende des Weströmischen Reiches (476 n. Chr.) gehalten werden.

Die Reaktion Roms

Um das Römische Reich vor Bürgerkriegen und feindlichen Angriffen zu schützen, ordnete Kaiser Diocletian (284–305 n. Chr.) die Verwaltung, die Finanzen und das Heer neu. Er unterteilte das Römische Reich in vier Herrschaftsgebiete und schuf neue, kleinere Verwaltungsbezirke. Dadurch entstanden in Deutschland neue Provinzen: Germania prima mit Mainz, Germania secunda mit Köln und Belgica prima mit

Trier sowie Raetia secunda mit Augsburg als Provinzhauptstädten. Ab 293 n. Chr. wurde Trier sogar kaiserliche Residenzstadt des nordwestlichen Herrschaftsgebietes.

Die Legionen wurden in kleinere Einheiten aufgeteilt, weil diese schneller auf Angriffe reagieren konnten. Für mehr Sicherheit sorgten vor allem zahlreiche fest stationierte Grenztruppen und berittene Feldtruppen, die überall dort eingriffen, wo Lücken in der Verteidigung entstanden.

Als Kaiser Konstantin der Große (306–337 n. Chr.) an die Macht kam, schaffte er die „Vier-Kaiser-Herrschaft" ab und vereinigte das Reich wieder. Er machte Byzantion, das er in Konstantinopel (heute: Istanbul) umbenannte, und Trier zu seinen neuen Residenzstädten. Als nach Konstantins Tod erneut Bürgerkriege ausbrachen, überschritten Alamannen und Franken mehrmals den Rhein. Sie drangen bis nach Frankreich vor, plünderten die Provinzen und nahmen Bonn (353 n. Chr.), Köln (355 n. Chr.) und Mainz (368 n. Chr.) ein. Aus Angst vor weiteren Germaneneinfällen verlegte man die Hauptstadt des Weströmischen Reiches von Trier nach Mailand (ab 395 n. Chr.).

Kaiser Diocletian führte die sogenannte „Vier-Kaiser-Herrschaft" (Tetrarchie) ein. Venedig (Italien), um 300 n. Chr.

Bis zum Ende der römischen Herrschaft

Da die Römer immer weniger eigene Soldaten hatten, um sich vor weiteren Angriffen zu schützen, schlossen sie mit fränkischen und alamannischen Teilstämmen Friedensverträge und erlaubten ihnen, auf römischem Gebiet zu siedeln. Als Gegenleistung mussten die Verbündeten junge Krieger für die römische Armee stellen und die Grenzverteidigung in ihren neuen Siedlungsgebieten übernehmen. So wurden aus germanischen Heerführern römische Offiziere und später sogar römische Feldherren.

Die zweite germanische Völkerwanderung

Ab 370 n. Chr. drangen immer mehr germanische Stämme von Osten her nach Süden und Westen ins Römische Reich ein. Diese zweite germanische Völkerwanderung wurde von dem Reitervolk der Hunnen ausgelöst, das aus den Steppen Zentralasiens vertrieben wurde. Auf ihrem Zug nach Westen unterwarfen die Hunnen zahlreiche Stämme, wie die Alanen und die Ostgoten, und zwangen sie, mit ihnen zu ziehen. Während die Ostgoten im Süden der Ukraine siedelten, flohen die Westgoten, die damals nördlich der Donau in Rumänien lebten, vor den Hunnen und baten die Römer um Aufnahme ins Römische Reich (376 n. Chr.). Da die Römer ständig neue Soldaten brauchten, siedelten sie die Westgoten im römischen Bulgarien an. Als die Römer ihnen

Die Gürtelschnalle einer Ostgotin wurde in Norcia (Italien) gefunden, Ende 5. bis erstes Drittel 6. Jahrhundert n. Chr.

jedoch zu wenig Land und Lebensmittel gaben, sie unterdrückten und ausbeuteten, erhoben sich die Westgoten gegen die Römer.

Während die Römer noch gegen die Westgoten kämpften, nutzten Hunnen, Ostgoten und Alanen die Gelegenheit, um über die untere Donau in die östlichen Donauprovinzen einzudringen. Deshalb zog Rom Grenztruppen vom Rhein ab und schickte diese an den Kriegsschauplatz im Osten. Da griffen die Alamannen an der oberen Donau und am oberen Rhein (378 n. Chr.) an. Zwar konnten die Römer die Alamannen zurückschlagen, doch an der unteren Donau siegten die Westgoten und ihre Verbündeten.

Daraufhin schloss Rom mit den Westgoten Frieden und nahm sie als Verbündete des Römischen Reiches auf. Für Geld verpflichteten sich diese, den Römern Soldaten zu stellen.

Germanen im Weströmischen Reich

Um einen erneuten Bürgerkrieg zwischen rivalisierenden Thronanwärtern zu vermeiden, teilte Kaiser Theodosius (379–395 n. Chr.) kurz vor seinem Tod 395 n. Chr. das Römische Reich und setzte seine beiden Söhne als Nachfolger ein. So erhielt sein älterer Sohn Arcadius das Oströmische Reich und sein jüngerer Sohn Honorius das Weströmische Reich. Kaiser Honorius war damals erst elf Jahre alt. Deshalb übertrug Kaiser Theodosius seinem Feldherrn Stilicho, einem ostgermanischen Vandalen, die Regierungsgeschäfte im Westen sowie die Erziehung von Honorius und dessen jüngerer Halbschwester Galla Placidia. Dadurch wurde Stilicho nach dem Tod von Kaiser Theodosius zum mächtigsten Mann im Weströmischen Reich.

Der römische Feldherr Stilicho auf einem Schreibtäfelchen aus Elfenbein, Monza (Italien), um 395 n. Chr.

Als oberster römischer Heermeister im Weströmischen Reich führte er zahlreiche Verteidigungskriege gegen verschiedene germanische Stämme. Mithilfe der Vandalen und Alanen vertrieb er die Westgoten aus Norditalien. Anschließend besiegte er mit Unterstützung von westgotischen und hunnischen Verbänden die Ostgoten, die über Ungarn nach Italien eingedrungen waren.

Während in Italien noch gekämpft wurde, marschierten Alanen, Vandalen, Sueben und Burgunder entlang der Donau an den Rhein (406 n. Chr.). Sie plünderten Mainz, Trier und viele andere Städte in Belgien und Frankreich. Dann fielen sie in Spanien ein. Wegen seiner angeblich nachsichtigen Haltung gegenüber den Westgoten wurde Stilicho 408 n. Chr. von Kaiser Honorius hingerichtet. Daraufhin marschierten die Westgoten gegen Rom. Sie belagerten Rom zweimal und nahmen die Stadt 410 n. Chr. ein. Anschließend versuchten sie, von Süditalien aus nach Nordafrika, der reichsten römischen Provinz, überzusetzen. Als dies misslang, verließen sie Italien, zogen nach Frankreich, Spanien und wieder nach Südfrankreich. Hier gründeten sie mit Duldung der Römer 418 n. Chr. ein eigenes Königreich.

Ab 429 n. Chr. nützten die Vandalen die Schwäche des Weströmischen Reiches aus, setzten von Spanien aus nach Nordafrika über, eroberten die römische Provinz und errichteten dort ihr Königreich.

Der Abzug der Römer

In Süddeutschland endet die römische Reichsverwaltung wahrscheinlich schon kurz nach 401 n. Chr., als Stilicho große Truppenverbände nach Italien verlegte, um gegen die Westgoten zu kämpfen. Ohne ausreichenden militärischen Schutz wurde das Alpenvorland zum Durchzugsgebiet zahlreicher germanischer Stämme. Dass Rom dennoch weiterhin das Gebiet bis zur Donau für sich beanspruchte, zeigte die

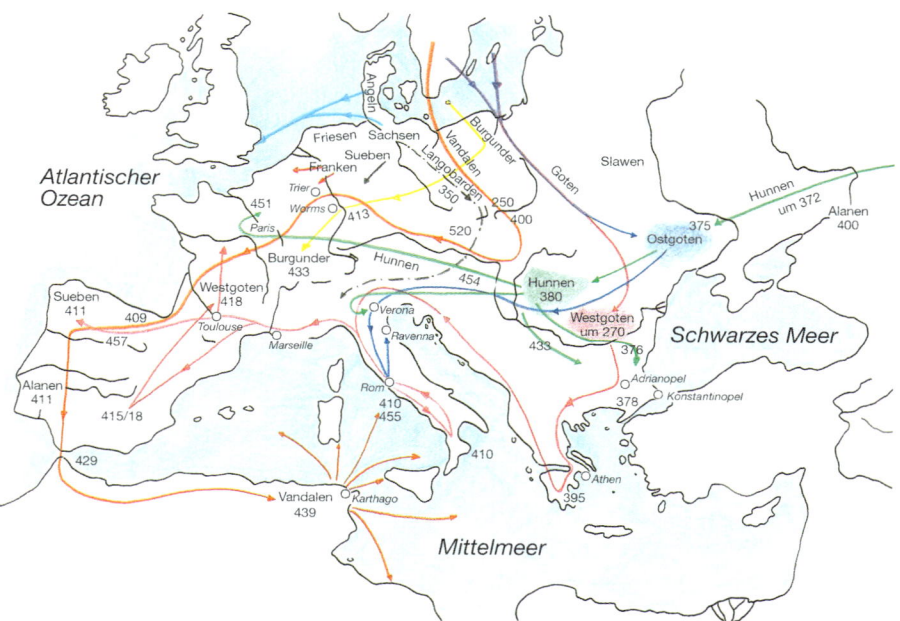

Die große germanische Völkerwanderung vom Ende des 4. Jahrhunderts bis ins 5. Jahrhundert n. Chr.

Anwesenheit einiger römischer Grenztruppen und ihrer germanischen Söldner bis 488 n. Chr.

Am Rhein konnten sich die Römer mithilfe germanischer Verbündeter etwas länger halten, da sie mit den Alamannen, Franken und Burgundern immer wieder Friedensverträge schlossen, sie auf römischem Gebiet ansiedelten, ihnen die Grenzverteidigung überließen und sie immer wieder zu Bündnispartnern machten.

Wie wichtig die germanische Verbündeten waren, zeigte sich unter anderem im Kampf gegen die Hunnen, Heruler und Ostgoten. Als diese über den Rhein nach Frankreich eindrangen, zahlreiche Städte zerstörten und weite Landstriche verwüsteten, riefen die Römer Westgoten, Franken, Alamannen, Burgunder und andere Teilstämme zu Hilfe und besiegten die Hunnen 451 n. Chr. in der Schlacht auf den Katalaunischen Feldern in Frankreich. Als nach dem Sieg über die Hunnen die unmittelbare Gefahr vorüber war, zerbrach jedoch das Bündnis zwischen Römern und Germanen wieder.

Die Alamannen fielen in das Elsass, die Nordschweiz und Bayern ein. Die Franken eroberten Rheinland-Pfalz, das Saarland und Nordrhein-Westfalen westlich des Rheins und besetzten Belgien. Mit der Eroberung von Köln (um 455 n. Chr.) und Trier (475 n. Chr.) wurden die Franken die neuen Herren am Rhein.

Das Weströmische Reich endete 476 n. Chr., als Odoaker, ein ostgotischer General in römischen Diensten, den letzten weströmischen Kindkaiser Romulus Augustulus absetzte. Er machte sich selbst zum König von Italien und rief 488 n. Chr. alle weströmischen Truppen nach Italien zurück.

Das Oströmische Reich hingegen überstand die meisten der innen- und außenpolitischen Krisen der nächsten Jahrhunderte und endete erst 1453, als Konstantinopel (heute: Istanbul) von den Osmanen eingenommen wurde.

Die römische Armee

Der Aufbau des römischen Heeres

Das römische Heer der Kaiserzeit war eine Berufsarmee. Sie setzte sich aus Legionen und Hilfstruppen sowie der Flotte zusammen. In die Legionen durften nur römische Bürger eintreten, in den Hilfstruppen kämpften Krieger aus unterworfenen und verbündeten Völkern. Um 190 n. Chr. gab es im ganzen Römischen Reich ca. 30 Legionen und ebenso viele Hilfstruppen (zusammen 300.000 bis 400.000 Mann). Etwa die Hälfte des gesamten Heeres stand an Rhein und Donau.

Legionäre auf einem Steinsockel aus dem Mainzer Legionslager (Rheinland-Pfalz), um 80 n. Chr., heute im Landesmuseum Mainz

Die Legion

Eine Legion war zu Beginn der Kaiserzeit ungefähr 6.000 Mann stark und bestand vor allem aus Fußsoldaten und Legionsreitern, die als Kundschafter, Meldereiter und zur Sicherung der Vorposten eingesetzt wurden. Dazu kamen Hilfskräfte, Händler und auch Angehörige der Soldaten. Eine Legion und ihr Tross konnten somit auf ca. 11.000 Personen anwachsen. Auf dem Marsch zog sich die Truppe zwischen vier und sechs Kilometer auseinander.

← **Das römische Heer überquert die Donau auf einer Schiffsbrücke.**

Grabstein für Marcus Caelius und seine beiden Freigelassenen, Fundort des Grabsteins beim Legionslager Vetera I bei Xanten (Nordrhein-Westfalen), heute im Rheinischen Landesmuseum Bonn.

Caelius war Zenturio (Hauptmann) der 18. Legion, die mit zwei anderen Legionen in der Varusschlacht (vgl. S. 10) von den Germanen vernichtet wurde. Er und wahrscheinlich seine freigelassenen Begleiter starben während des Feldzuges oder in der Schlacht um 9 n. Chr.

Caelius, der 160 Mann befehligte, trägt viele römische Kriegsorden: Armbänder, Zierscheiben auf dem Brustpanzer, gewundene Ringe an der Schulter und auf dem Kopf eine „Bürgerkrone" aus Eichenlaub, die höchste römische Kriegsauszeichnung. In der Hand hält er den Zenturiostab als Zeichen, dass er Untergebene bestrafen darf.

Die Hilfstruppen

Eine Legion wurde von nichtrömischen Hilfstruppen unterstützt. Diese Soldaten waren junge Krieger aus unterworfenen und verbündeten Stämmen bzw. Völkern oder einheimische, nichtrömische Provinzbewohner. Sie nahmen meist fern ihrer Heimat an Feldzügen und Schlachten teil, verteidigten die Reichsgrenzen oder überwachten und sicherten die Grenzprovinzen. Eine Hilfstruppe war etwa 500 oder 1.000 Mann stark. Sie bestand aus Fußsoldaten, Reitern oder besonderen Kampfverbänden wie Bogenschützen, Steinschleuderern, Kampfschwimmern oder Kamelreitern.

Grabstein des Annaius Daverzus, Fußsoldat der dalmatinischen Hilfstruppen (heute Kroatien). Fundort: Bingen-Bingerbrück (Rheinland-Pfalz)

Grabstein des Vonatorix, Reiter der Ala Longiniana aus Gallien, vor 70 n. Chr., gefunden bei Bonn

Das spätrömische Heer

Grabstein des spätrömischen Soldaten Lepontius (Abguss) aus Straßburg (Frankreich), um 350 n. Chr.

Ab dem 3. Jahrhundert n. Chr. erfolgte ein grundlegender Umbau der römischen Armee. Damit sie die feindlichen Angriffe schneller abwehren konnte, wurde sie in ein Grenz- und Feldheer aufgeteilt und in kleine Kampfverbände untergliedert. So wurde die Mannschaftsstärke einer Legion auf 1.000 bis 2.000 Soldaten reduziert, die Anzahl der Legionen jedoch verdoppelt. Auch die Zahl der Reitereinheiten stieg stark. Die besten Reitereinheiten bildeten nun ein schlagkräftiges Feldheer von bis zu 2.000 Soldaten.

Die Aufgabe des Grenzheeres war es, von den Grenzkastellen aus die Reichsgrenzen und das dahinter liegende Gebiet zu verteidigen. Das Feldheer hingegen war an keinen Standort gebunden und wurde als schnelle bewegliche Einsatztruppe eingesetzt, um das Kernland der Grenzprovinzen zu schützen.

Neu war, dass Offiziere ihre Posten nun nicht mehr wegen ihrer vornehmen Herkunft bekamen, sondern aufgrund ihrer Kampferfahrung ausgewählt und befördert wurden. Damit konnten auch germanische Söldner im römischen Dienst bis in die höchsten Offiziersränge aufsteigen.

Die Flotte

Die Kriegsflotte wurde vor allem auf dem Rhein, der Donau, ihren Zuflüssen und dem Bodensee eingesetzt. In Köln und Mainz und an anderen Orten gab es befestigte Flottenkastelle mit Schiffswerften, Trockendocks und Liegeplätzen. Neben verschieden großen Kriegsschiffen verfügte die Flotte über zahlreiche Schiffe für den Truppentransport und die Versorgung der Einheiten mit Lebensmitteln, Ausrüstungsgegenständen und Baumaterial. In der späten Kaiserzeit verkleinerten die Römer die Flotte von 1.000 auf ca. 600 Schiffe. Anstelle großer Kriegsschiffe wurden nun kleinere, aber schnelle und wendige Kriegs- und Patrouillenschiffe zur Grenzsicherung gebaut.

Zwei Schiffswracks aus der hohen Kaiserzeit, um 100 n. Chr., gefunden bei Oberstimm (Bayern), heute im Kelten-Römer-Museum Manching

Die „Victoria", der Nachbau der Schiffwracks von Oberstimm, mit Ruderern auf dem Ratzeburger See (Schleswig-Holstein)

Die Kriegsschiffe waren meist Ruderboote mit Segeln und hatten einen Rammsporn. Sie waren bis zu 21 Meter lang und über drei Meter breit. Ihre Besatzung bestand aus etwa 32 Ruderern, einem Steuermann, vier Matrosen und 16 Fußsoldaten. Neben „normalen" Kriegsschiffen gab es verschiedene Spezialschiffe wie Landungsboote mit flachem Boden, Schiffe mit Katapultgeschützen oder Schiffe für Reitereinheiten.

Patrouillenschiffe wurden als Aufklärer, Wach- oder Begleitschiffe und als kleine Kriegsschiffe eingesetzt. Diese Ruderboote mit Hilfssegel waren ca. 15 Meter lang und bis zu drei Meter breit und wurden von ca. 16 Soldaten gerudert.

Die Kastelle

Die Militärlager (Kastelle) entstanden in militärisch unsicheren Gebieten an den Grenzen des Römischen Reiches. Sie gingen aus den Marschlagern während der Feldzüge hervor. Galt ein Gebiet als sicher oder verschob sich der Grenzverlauf, so wurden die Kastelle aufgelassen und an neue Brennpunkte verlegt. Bestand ein Lager über viele Jahrzehnte, so wurde die Konstruktion aus Holz und Erde durch Mauern, Tore und Türme aus Stein ersetzt.

Allen Kastellen lag ein gemeinsamer Bauplan zugrunde, der je nach Truppenstärke oder Zusammensetzung der Einheit abgewandelt werden konnte.

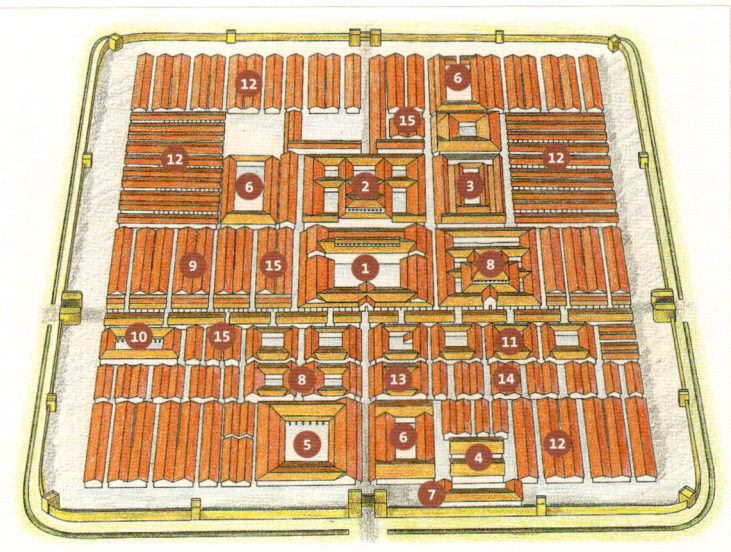

Das Legionslager Castrum Novaesium von Neuss am Niederrhein (Nordrhein-Westfalen); Fläche: 450 m x 650 m

1. Stabsgebäude mit Waffenkammer und Fahnenheiligtum (Principia)
2. Wohnhaus des Feldherrn (Praetorium)
3. Krankenhaus
4. Vorratsspeicher
5. Magazin
6. Wirtschaftsgebäude
7. Werkstätten
8. Bad
9. Mannschaftsunterkünfte der 1. Kohorte
10. Versammlungshaus der 1. Kohorte
11. Häuser der Offiziere
12. Mannschaftsunterkünfte für Legionäre
13. Haus des Kommandanten der Hilfstruppen
14. Mannschaftsunterkünfte der Hilfstruppen
15. Unterkünfte für Soldaten mit Sonderaufgaben

Die römische Armee

Das Kastell Biriciana von Weißenburg (Bayern) war aus Stein gebaut, um 150 n. Chr., virtuelle Rekonstruktion

Der Grundriss der Lager war grundsätzlich rechteckig. Die beiden Lagerhauptstraßen trafen sich im rechten Winkel vor dem Gebäude des Oberbefehlshabers.

Die Bebauung innerhalb eines Kastells spiegelte die Gliederung der römischen Armee wider. An der Kreuzung der beiden Hauptstraßen befanden sich auch das Stabsgebäude für die Militärverwaltung, das Fahnenheiligtum, die Versammlungshalle der Einheit und die Waffenkammer.

Außerdem gab es in den Kastellen Vorratsspeicher für Getreide, eine Krankenstation, Mannschaftsbaracken für Soldaten oder für Reiter mit ihren Pferden, Gemeinschaftstoiletten, verschiedene Werkshallen und oft auch ein Bad.

Um das Lager wurden ein oder mehrere Schutzgräben ausgehoben und ein Wall errichtet.

Die Badeanlage (Thermen, vgl. S. 159), zusätzliche Pferdeställe und Vorratsspeicher, der Truppenübungsplatz oder manchmal sogar ein Amphitheater aus Holz befanden sich außerhalb des Lagers.

Kleinkastelle der späten Kaiserzeit

Ab ungefähr 300 n. Chr. wurde das einheitliche Bauschema der Kastelle aufgegeben. Da die germanischen Überfälle ständig zunahmen, wurden viele neue, stark befestigte Kleinkastelle errichtet. Diese sogenannten Burgi hatten wie die späteren mittelalterlichen Burgen oft einen mehrstöckigen Wehr- und Wohnturm, Unterkünfte und Stallungen an der Innenseite der äußeren Mauer, manchmal Wall und Graben sowie ein oder zwei Tore.

Zur besseren Verteidigung baute man sie oft auf Bergrücken oder Hügeln entlang der Grenzflüsse sowie an wichtigen Straßen oder als befestigte Hafenanlagen. Je nach Größe waren sie mit acht bis 100 Soldaten besetzt.

Das Kleinkastell Boiotro in Passau (Bayern) am Zusammenfluss von Inn und Donau, 375 n. Chr. (Modell). Dieses Bauschema kam an Donau und Rhein vor.

Die römische Armee

Vom Leben der römischen Soldaten

Der Militärdienst eines römischen Legionärs dauerte 20 Jahre, ein Soldat der Hilfstruppen verpflichtete sich für 25 Jahre. Es gab verschiedene Gründe, Soldat zu werden: ein gesichertes Einkommen, ausreichend Essen, Abenteuerlust, Aussicht auf Beute oder die Möglichkeit, in der Armee Karriere zu machen. Für Nichtrömer war ein zusätzlicher Anreiz, am Ende des Militärdienstes das römische Bürgerrecht zu erlangen.

Die Grundausbildung war sehr hart. Sie dauerte vier Monate und war eine Kombination aus Drill sowie Fitness- und Kampftraining.

Neben seiner Ausrüstung und Waffen musste ein Soldat auf dem Marsch seinen Schlafsack und eine Decke, eine Dreitagesration Getreide und Zwieback, sein Geschirr, Werkzeuge und Arbeitsgeräte zum Bau eines Lagers tragen. Das Gepäckbündel, das etwa zwischen 35 und 44 Kilogramm wog, war an einer Tragestange über der Schulter befestigt.

Aufgaben

Zum Alltag der Soldaten gehörte es, regelmäßig mit den Waffen zu üben, sich auf Gefechte vorzubereiten, Wache zu halten, Erkundungs- und Schnellmärsche zu machen und die unterschiedlichsten Lager- und Arbeitsdienste zu übernehmen. Die Armee bildete ihre Soldaten zu

← Mantel- und Umhangformen

Soldaten beim Lagerbau. Szene von der Trajanssäule in Rom (Italien); moderne Farbfassung

Handwerkern aus, unterhielt eigene Werkstätten und betrieb Ackerbau und Viehzucht, da die Soldaten in der Provinz oft völlig auf sich gestellt waren und sich selbst versorgen mussten. Darüber hinaus bauten sie Kasernen, Verteidigungsanlagen, Straßen, Brücken und Wasserleitungen und hielten diese instand.

In Friedenszeiten wurden die Handwerkersoldaten auch für öffentliche Bauvorhaben wie Verwaltungsgebäude, Gerichts- und Markthallen, Tempel oder Bäder herangezogen. In den Provinzen waren sie oft die einzigen Fachleute, die solche Bauaufgaben übernehmen konnten. Nach dem Dienst hatten die Soldaten Freizeit.

Verdienst

Der Verdienst eines Soldaten richtete sich nach dem Dienstgrad. Neben dem Sold, dem „Stipendium", der dreimal im Jahr ausgezahlt wurde, und Lebensmittelzuweisungen gab es zu verschiedenen Anlässen Sonderzahlungen, wie etwa beim Eintritt in die Armee und bei der ehrenhaften Entlassung, wenn ein neuer Kaiser ausgerufen wurde, nach Sondereinsätzen oder wenn die Kriegsbeute verteilt wurde.

Ein Soldat erhielt aber nur einen Teil seines Verdienstes ausgezahlt. Denn für Verpflegung, Kleidung, Waffen und Feste musste er erhebliche Abzüge hinnehmen. Außerdem zahlte er Beiträge in den Bestattungsverein ein und entrichtete Bestechungsgelder an seinen Vorgesetzten, wenn er von schweren und unangenehmen Lagerdiensten befreit werden wollte.

Verpflegung

Die Verpflegung der Soldaten war im Vergleich zur restlichen Bevölkerung sehr gut, denn nichts war gefährlicher als unzufriedene Soldaten. Die Soldaten bereiteten ihr Essen selbst zu. Jeder Soldat erhielt pro Tag etwas ein Kilogramm Getreide, das er selbst mahlen und weiterverarbeiten musste. Das Getreide wurde zu Brot gebacken oder als Getreidebrei zubereitet und mit Salz, Öl oder Speck, Gemüse und verschiedenen Kräutern verfeinert. Daneben gab es häufig Erbsen-, Bohnen- und Linseneintöpfe. Fleisch wurde gegrillt, gekocht oder zu Würsten verarbeitet. Zwiebeln, Knoblauch oder Lauch, Speck und Käse gehörten zur täglichen Nahrung. Offiziere leisteten sich darüber hinaus Meeresfrüchte, Oliven, Weintrauben, Feigen oder Reis. Übliche Getränke waren mit Wasser verdünnter Weinessig, aber auch Wein oder Bier, das vor allem die germanischen Soldaten der Hilfstruppen schätzten.

So mahlten römische Soldaten ihr Getreide.

Unterkünfte

Modell einer römischen Mannschaftsbaracke mit Unterkünften für die einfachen Soldaten und einer Wohnung für den Zenturio

Während der Feldzüge übernachteten jeweils acht Soldaten in einem Lederzelt. In den Kastellen lebten die Soldaten in Wohnbaracken auf engstem Raum zusammen. Acht Fußsoldaten teilten sich jeweils einen Vorraum für die Ausrüstung und Waffen und einen Wohnraum mit Herdstelle und Stockbetten. Der Zenturio dagegen wohnte in einer Drei- bis Vier-Zimmer-Wohnung am Ende der Baracke.

Vom Leben der römischen Soldaten

Die Reiter hatten mehr Platz, weil jeweils nur drei Reiter und ihre Pferde unter einem Dach lebten und die Reiterbaracken oft zweigeschossig waren. Im Erdgeschoss befanden sich hinter dem Pferdestall der Wohnraum und das Waffenlager; der Schlafraum und das Pferdefutter waren im Obergeschoss.

Modell des Schlaf- und Aufenthaltsraums mit Kochstelle in einer Mannschaftsbaracke, Bezirksmuseum Höfli (Schweiz)

Die Entlassung aus dem Militärdienst

Nach dem Militärdienst bekam ein Soldat Bargeld oder Land zugeteilt und wurde Handwerker, Geschäftsmann oder Bauer. Außerdem erhielt er eine Entlassungsurkunde, ein sogenanntes Militärdiplom. Dieses bestand aus zwei Bronzetafeln, auf denen der Kaiser die ehrenhafte Entlassung bestätigte. Das Militärdiplom eines Soldaten der Hilfstruppen oder der Flotte schloss mit der Verleihung des römischen Bürger- und Eherechts. Damit wurden nichtrömische Soldaten römischen Vollbürgern gleichgesetzt. Offiziell durfte ein Soldat nicht verheiratet sein, hatte er aber bereits Familie, so erhielten nur die Kinder das römische Bürgerrecht.

Die ehemaligen Soldaten (Veteranen) ließen sich oft in der Nähe ihres letzten Einsatzortes nieder. Damit trugen sie entscheidend zur Verbreitung der römischen Lebensweise unter der einheimischen Bevölkerung bei. Außerdem konnte sich die römische Armee in Kriegszeiten auf die Hilfe der kampferprobten Veteranen verlassen.

Militärdiplom des Mogetissa, vom Stamm der Boier, ausgestellt am 30. Juni 107 n. Chr., gefunden in Weißenburg (Bayern)

Vom Leben der römischen Soldaten

Kleidung

Links ein Legionär um Christi Geburt, in der Mitte ein Legionär um 200 n. Chr. und rechts ein römischer Soldat aus der Zeit um 400 n. Chr.

Römische Soldaten trugen eine einheitliche Uniform. Diese änderte sich aber im Lauf der Jahrhunderte, da Waffen und Kampftechniken der Gegner Roms unterschiedlich waren und die Römer sich den geänderten Herausforderungen sowie dem Klima anpassen mussten.

Die Kleidung in unseren Breiten bestand in der Regel aus einem Hemd (Tunika) aus Wolle sowie Unterhemd und Lendenschurz aus Leinen. Die Tunika war zuerst ärmellos, später kurz- und schließlich langärmelig.

Hosen trugen zuerst nur die Soldaten der Hilfstruppen. Im rauen Klima setzten sich dann aber auch bei den Legionären zunächst knielange Hosen und später lange Hosen aus Wolle oder Leder durch.

Verschiedene Umhänge und Mäntel aus gewalkter Wolle schützten vor schlechtem Wetter und dienten als Zudecken. Ein Tuch aus Wolle schützte den Hals vor Schürfwunden durch den Brustpanzer.

Die Soldatenschuhe waren robuste offene Riemensandalen, geschlossene Riemenschuhe oder Schnürstiefel. In der kalten Jahreszeit umwickelten die Soldaten ihre Füße und Beine mit Wickelgamaschen aus gefilzter Wolle, Leder oder Fell.

Der häufig reich verzierte Militärgürtel war fester Bestandteil der römischen Uniform und Kennzeichen jedes Soldaten auch außerhalb seiner Dienstzeit. Im Laufe der Jahrhunderte änderte der Waffengurt seine Funktion und sein Aussehen.

Rekonstruktion eines Militärgürtels um 100 n. Chr., nach Originalfunden

Fuß einer Bronzestatue mit dem typischen Schuh des Legionärs, 1. bis 2. Jahrhundert n. Chr.

Kopfschutz

Die Helme waren zuerst aus Bronze, später aus Eisen, und mit Leder gefüttert. Sie bestanden aus einer Halbkugel, die aus einem Stück herausgetrieben wurde, einem starren Nackenschutz und beweglichen Wangenklappen. Ein verstärkter Stirnschutz, Eisenbügel über dem Helm bzw. Ohrenschutzbleche schützten zusätzlich den Kopf.

In der Spätzeit trug man Kammhelme, oft mit Nasenschutz. Die Helme aus zwei Halbschalen wurden durch eine kammartige Spange zusammengehalten. Wangen- und Nackenschutz waren mit Lederstücken am Helm befestigt und beweglich.

Offiziershelme waren oft reich verziert.

Eisenhelm mit Messingbeschlägen und Helmbuschhalter, um 50 n. Chr., Fundort: Windisch (Schweiz)

Rekonstruierter prunkvoller Kammhelm nach Funden aus Koblenz (Baden-Württemberg), um 380 n. Chr.

Vom Leben der römischen Soldaten

Brustpanzer

Die Soldaten schützten ihren Oberkörper mit einem Kettenhemd, einem Schienenpanzer oder einem Schuppenpanzer. Reich verzierte, zweiteilige Muskelpanzer aus Bronzeblech trugen nur der Kaiser und hohe Offiziere. Sie eigneten sich für Paraden, doch nicht für den Kampf.

Der Schienenpanzer bestand aus breiten Eisenbändern, die schuppenförmig verbunden waren. Da der Schienenpanzer in der Herstellung viel billiger und einfacher als ein Kettenhemd war, setzte er sich ab ungefähr 50 n. Chr. vor allem bei den Fußsoldaten durch.

Zenturionen, Reiter und Bogenschützen trugen dagegen vor allem Schuppenpanzer, da diese große Bewegungsfreiheit boten. Die Schuppen waren aus dünnen Bronzeplättchen und an den Rändern gelocht. Sie wurden auf eine gepolsterte Weste aus Stoff oder Leder aufgenäht.

Rekonstruierter Schienenpanzer nach Funden aus Corbridge am Hadrianswall (Großbritannien), um 130 n. Chr.

Reste eines Kettenhemdes aus dem Limesmuseum Aalen. Ein Kettenhemd bestand aus ca. 30.000 Ringen.

Reste eines Schuppenpanzers aus Bronze aus Pforzheim (Baden-Württemberg), um 200 n. Chr.

Vom Leben der römischen Soldaten

Waffen (1)

Nachbau von Schilden aus der Zeit um 70 n. Chr. (*links*), von 175 n. Chr. (*Mitte*) und von ca. 300 n. Chr. (*rechts*). Der römische Schild war schichtweise aus quer verleimten Holzleisten aufgebaut und an den Rändern mit Metallbändern verstärkt. Die Vorderfläche war mit Leder, Filz oder Stoff beklebt und mit den Zeichen der jeweiligen Einheit bunt bemalt. Im Lauf der Jahrhunderte änderte sich seine Form.

Ringknaufschwert (77 cm) aus Donauried bei Donauwörth (Bayern), um 200 n. Chr.

Links: Kurzschwert mit Resten der Holzscheide aus dem Rhein bei Mainz (Rheinland-Pfalz), um 100 n. Chr., heute im Landesmuseum Mainz. Das Kurzschwert war lange Zeit die wichtigste Nahkampfwaffe.

Langschwerter (70–84 cm) aus dem Hortfund von Neupotz (Rheinland-Pfalz), ab 200 n. Chr. Ab dem 1. Jahrhundert n. Chr. wurde das Kurzschwert vom Ringknaufschwert und vom Langschwert abgelöst.

Eisendolche mit verzierten Dolchscheiden (29–37 cm) vom Auerberg bei Bernbeuern (Bayern), um 10–40 n. Chr.

Nachbau von Wurflanzen aus dem 1. und 2. Jahrhundert n. Chr. Die Wurflanze war lange Zeit die wichtigste Fernwaffe. Seine gehärtete pyramidenförmige Eisenspitze konnte jeden Schild durchbohren. Bei einem Treffer verbog sich der Schaft der Lanze, blieb im Schild hängen und machte diesen dadurch unbrauchbar.

Vom Leben der römischen Soldaten

Waffen (2)

Eiserne Lanzen- und Speerspitzen aus dem Kastell Aalen (Baden-Württemberg), um 200 n. Chr. Eine Stoßlanze wurden als Angriffs- oder Abwehrwaffe genutzt. Kürzere Speere wurden dagegen mithilfe einer Wurfschlinge bis zu 70 Meter weit geschleudert. Daneben gab es noch Wurfpfeile, sie waren ca. 30 Zentimeter lang und besaßen ein Bleigewicht, das Flugeigenschaften und Reichweite stark verbesserte.

Darstellung eines kleinen Katapults auf der Trajanssäule in Rom (Italien), moderne Farbfassung.
Eine Legion verfügte über verschieden große Katapulte und Wurfmaschinen mit denen Pfeile, Bolzen oder Steinkugeln bis zu 500 Meter weit geschossen bzw. geworfen werden konnten.

Schleudergeschosse aus dem Legionslager von Haltern (Nordrhein-Westfalen), um 9 n. Chr. Die Schleuder der Fußtruppen bestand aus einem breiten Stück Leder- oder Stoffband mit verbreitertem Mittelteil, an das Schnüre aus Darm oder Sehnen befestigt waren. Als Wurfgeschosse verwendete man Steine, Ton- oder Bleikugeln, die bis zu 150 Meter weit geschleudert werden konnten.

Vom Leben der römischen Soldaten

Paraderüstung der Reitereinheiten

Vorführung mit Rekonstruktionen

Neben der normalen Kampfausrüstung besaß eine Reitereinheit Paraderüstungen für Fest- und Feiertage. An diesen Tagen veranstalteten die Reiter farbenprächtige Umzüge und Reiterspiele. Bei diesen Aufführungen trugen die Reiter verschiedenfarbige Gewänder, reich verzierte Prunkrüstungen, zweiteilige Helme und gold- oder silberglänzende Gesichtsmasken. Die Pferde waren ebenfalls geschmückt. Sie trugen bunte Satteldecken, verzierte Schmuckscheiben und Stirnpanzer mit Abbildungen von Gottheiten, Helden und Tieren.

Dreiteiliger Stirnschutz für ein Pferd mit einer Darstellung des Herkules, aus Eining (Bayern)

Orientalische Gesichtsmaske eines Paradehelms aus Eining, (Bayern)

Bronzener Paradehelm aus Theilenhofen (Bayern)

Der Verkehr im Römischen Reich

Straßen- und Brückenbau

Die Römer überzogen ihr Reich mit einem dichten Straßennetz von ca. 80.000 Kilometern Länge. Aneinandergereiht hätte es also zweimal um die Erde gereicht. Die römischen Straßen dienten dem Militär als Aufmarsch- und Versorgungswege sowie zur Sicherung des Landes, sie ermöglichten der kaiserlichen Verwaltung den raschen Nachrichtenaustausch durch Kuriere und unterstützten die wirtschaftliche Erschließung des Landes und den Handel.

Der Straßen- und Brückenbau wurde vom Kaiser oder den Provinzstatthaltern in Auftrag gegeben, aus Steuermitteln bezahlt und von Bautrupps des Militärs durchgeführt. Die Anwohner des Gebietes, durch das die Straßen führten, mussten für die Instandhaltung zahlen, erhielten dafür aber meist Steuervergünstigungen.

← Pferdewagen (oben) und Lastensegler (unten)

Schnitt durch eine römische Straße, von unten nach oben: 1 große Steinbrocken, 2 grober Steinschotter, der meist mit Mörtel vermischt wurde, 3 feiner Schotter, 4 Kies oder Schotter

Die Römer planten und bauten ihre Straßen mit großer Sorgfalt. Selbst heute noch sind sie im Gelände zu erkennen, und moderne Straßen folgen oft der römischen Streckenführung.

Bei der Planung von Straßen versuchten die Römer immer den kürzesten Weg zwischen zwei Orten zu wählen und die Straßen möglichst geradlinig anzulegen. Deshalb bauten sie Holz- oder Steinbrücken über Flüsse sowie hölzerne Bohlen- und Pfahlwege in Mooren. In den Bergen legten sie Serpentinenwege, Gleisstraßen und Rampen an oder bauten sogar Tunnel. Das nötige Baumaterial beschafften sich die Römer aus der unmittelbaren Umgebung.

Römische Straßen bestanden aus verschiedenen Lagen von Geröll, Schotter, Kieselsteinen, Mörtel, Sand und Kies. Sie waren etwa 7 Meter breit, hatten eine gewölbte Straßendecke und Abflussgräben zu beiden Seiten. Rechnet man dazu noch die Seitenstreifen für Tierherden und langsame Fuhrwerke, so waren manche Straßen bis zu 12 Meter breit. Ab dem 4. Jahrhundert n. Chr. wurden die Straßen schmäler, da das römische Heer mehr Reitertruppen einsetzte und der Fernhandel auf die Flüsse verlagert wurde.

Um Flüsse zu überqueren, wurden oft Brücken gebaut. Diese waren Meisterleistungen römischer Bautechnik. In Deutschland fand man Reste von reinen Holzbrücken und von Pfeilerbrücken aus Stein oder Gussbeton mit Holzbogenkonstruktion. Für die reinen Holzbrücken und für den

Der Verlauf römischer Straßen ist von der Luft aus oft heute noch sichtbar, beispielsweise die römische Via Claudia nördlich von Untermeitingen bei Augsburg (Bayern).

Der Verkehr im Römischen Reich

Unterbau der Pfeilerbrücken wurden Eichenstämme mit Eisenspitzen versehen und in den Flussboden gerammt. Während eines Feldzuges bauten die Römer auch Schiffsbrücken, um möglichst schnell übersetzen zu können.

Wechsel-, Rast- und Polizeistationen

Für den reibungslosen Warentransport und Reiseverkehr auf römischen Straßen sorgten die in regelmäßigen Abständen angelegten Rast- und Wechselstationen, die man mit heutigen Motels und Servicestationen vergleichen kann. Raststationen mit Unterkünften, Reparaturwerkstätten und Stallungen lagen im Abstand einer Tagesreise (37 Kilometer) voneinander entfernt. Dazwischen befanden sich Wechselstationen für Pferde und Zugtiere.

Für Sicherheit und Ordnung sorgten Polizeistationen entlang der wichtigen Handelsstraßen. Diese sogenannten Benefiziarier-Stationen befanden sich vor allem in Grenzgebieten, an Zollgrenzen der Provinzen, an Häfen, Handelsplätzen oder bei Bergwerken. Zu den Hauptaufgaben der dort tätigen Soldaten gehörten die Überwachung des gesamten Reise- und Handelsverkehrs, des Post- und Meldewesens sowie die Kontrolle, ob Händler und Kaufleute Maut oder Warenzoll entrichtet hatten.

Landverkehr

Für den Warentransport auf der Straße wurden als Last- oder Zugtiere vor allem Ochsen und Pferde eingesetzt. Als Fahrzeuge dienten zwei- oder vierrädrige Wagen mit unterschiedlichen Aufbauten. Es gab auch regelrechte Tankfahrzeuge, die Wein und Wasser in großen zusammengenähten Tierhäuten oder fest montierten Holzfässern transportierten. Für schwere Steinblöcke, Säulen und Statuen setzte man auf dem Landweg hölzerne Schlitten und Rollen ein.

Weintransport in Holzfässern mit Ochsengespann auf einem Grabmal aus Augsburg (Bayern)

Schiffsverkehr auf Flüssen

Massengüter und Schwerlasttransporte wurden in erster Line auf dem Wasserweg transportiert. Im Vergleich zur Straße waren die Frachtkosten auf dem Wasser um ein Vielfaches niedriger und die Lieferzeiten flussabwärts viel kürzer. Für den Warentransport verwendeten die Römer große Lastkähne, kastenförmige Schiffe mit flachem Boden und rampenartigen Enden, die bis zu 50 Tonnen laden konnten. Da sie kaum Tiefgang hatten, konnten sie auch bei Niedrigwasser fahren und überall anlegen. Flussaufwärts konnten die Lastkähne segeln oder gezogen werden. Flöße transportierten schweres Baumaterial flussabwärts zu Großbaustellen. Am Zielort wurden sie zerlegt, als Bauholz verwendet oder zu Brennholz verarbeitet.

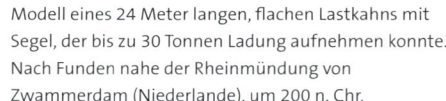

Modell eines 24 Meter langen, flachen Lastkahns mit Segel, der bis zu 30 Tonnen Ladung aufnehmen konnte. Nach Funden nahe der Rheinmündung von Zwammerdam (Niederlande), um 200 n. Chr.

Orientierung

Für die Planung von Handelsrouten und Reisen gab es Straßenkarten und -verzeichnisse, die man in jeder größeren Stadt kaufen konnte. Eine wichtige Orientierungshilfe für alle Reisenden waren auch die Meilensteine. Sie standen in bestimmten Abständen an den Fernstraßen und waren bis zu drei Meter hoch. Auf ihnen war vermerkt, wie weit es zur nächsten größeren Ansiedlung oder Stadt war. Sie dienten aber nicht nur als Entfernungsmesser, sondern waren vor allem Gedenksteine für die Kaiser, unter denen die Straßen gebaut oder erneuert wurden. Neben Münzen waren die Meilensteine somit das wichtigste Propagandamittel für einen Kaiser.

Meilenstein von Gundelfingen (Bayern), von 212 n. Chr.

Übersetzung der Inschrift: Kaiser Marcus Aurelius Severus Antoninus Pius Augustus (= Kaiser Caracalla), größter Sieger über die Britannier, größter Sieger über die Parther, Inhaber der tribunizischen Amtsgewalt zum 16. Mal, hat die Straßen und Brücken gestiftet. Von Fainigen 4 Meilen entfernt

Der römische Handel

Neben der Landwirtschaft und dem Handwerk spielte der Handel eine wichtige Rolle für die römische Wirtschaft. Um den Handel zu fördern, führten die Römer ein einheitliches Währungs-, Zoll- und Steuersystem sowie verbindliche Gewichts-, Maß- und Messeinheiten ein. Überall geltende Gesetze schufen Rechtssicherheit. Die lateinische Sprache und

Transport von Tuchballen, Ausschnitt von der Igler Säule, um 216 n. Chr. (Rheinland-Pfalz)

← Römische Amphoren und andere Aufbewahrungsgefäße

Schrift waren die wichtigsten Kommunikationsmittel im Römischen Reich, in dem so viele verschiedene Völker lebten. Darüber hinaus erleichterten gut erschlossene und sichere Verkehrswege den Warenaustausch selbst über weite Strecken.

Der Staat profitierte vom Handel, indem er Zölle, Steuern und andere Abgaben erhob. Der Zoll und die Abgaben wurden nach dem Warenwert geschätzt, von Zöllnern eingetrieben und an den Staat abgeliefert. Auch beim Verkauf der Waren auf den Märkten verdiente der Staat durch eine Verkaufssteuer mit.

Die römische Währung

Die Römer führten im ganzen Reich ein einheitliches Währungssystem ein. Der Wert einer römischen Münze richtete sich nach Art und Gewicht des verwendeten Metalls: Gold, Silber, Bronze, Messing oder Kupfer. Da die zahlreichen Kriege Unsummen an Geld verschlangen und sich vor allem Gold und Silber nicht beliebig vermehren ließen, wurde der Edelmetallgehalt der Münzen jedoch immer geringer und die Münzen immer leichter. Die Folge war, dass die Kaufkraft des Geldes sank und die Preise ständig stiegen. Die Kaiser versuchten der Geldentwertung entgegenzuwirken, indem sie alte Münzen einschmolzen, immer mehr neue Münzen prägen ließen und Höchstpreise festsetzten. Doch all diese Maßnahmen hatten nur kurze Zeit Erfolg.

Die wichtigsten römischen Münzen bis etwa 250 n. Chr. waren:

1 Aureus	(Gold)	=	25 Denare
1 Denar	(Silber)	=	4 Sesterzen
1 Sesterz	(Messing)	=	2 Dupondien
1 Dupondius	(Messing)	=	2 Asse
1 As	(Kupfer)	=	4 Quadranten (Kupfer)

Im Zuge einer Währungsreform ersetzte Kaiser Konstantin den Aureus durch den Solidus, eine ca. 4,5 Gramm schwere Goldmünze. Seit seiner Einführung (ab 309 n. Chr.) garantierten die staatlichen Münzprägeanstalten seinen Feingoldgehalt und sein Gewicht. Dadurch wurde der Solidus bis ins 11. Jahrhundert zum wertbeständigsten und daher beliebtesten Zahlungsmittel. Vom Solidus, was übersetzt so viel wie „fest, zuverlässig, wahrhaftig" bedeutet, leiten sich auch die Wörter „Sold, Söldner, Soldat" ab.

Der Solidus aus Gold zeigt auf der Vorderseite Kaiser Konstantin, Prägedatum: 322/323 n. Chr., Gewicht: 4,61 Gramm

Der römische Handel

Münzprägung

Alle römischen Münzen wurden zuerst nur in Rom geprägt. Da die erste Münzstätte beim Tempel der Göttin Juno Moneta (= die mahnende Juno) stand, sprechen wir heute noch von „Moneten" oder im Englischen von „money". In späterer Zeit wurden staatliche Münzprägestätten auch in anderen bedeutenden Städten in den Provinzen eingerichtet, so zeitweise auch in Trier und Köln.

Jede römische Münze wurde einzeln von Hand geprägt. Dabei wurde ein Metallstück, ein sogenannter Schrötling, zwischen die beiden eisernen Prägestempel gelegt. Mit einem kräftigen Hammerschlag übertrug der Münzpräger die Stempelvorlage auf den Schrötling. Zum Schluss wurde der Rand der Münze abgeschliffen und geglättet.

Eiserner Prägestempel einer Augustus-Münze (Fundort unbekannt). Vorderseite (links): Kaiser Augustus; Rückseite: Stiefsöhne des Augustus

Die Kaufkraft des Geldes

Über den Wert des Geldes können wir heute wenig sagen, da sich vorhandene Angaben über Löhne und Preise von einem Ort und zu einer bestimmten Zeit nicht automatisch auf das ganze Römische Reich übertragen lassen. Um dennoch eine ungefähre Vorstellung über den Wert des Geldes zu erhalten, sollen einige Beispiele von Inschriften an Häuserwänden aus Pompeji genannt werden, das 79 n. Chr. bei einem Vulkanausbruch zerstört und verschüttet wurde:

Beruf	Tageslohn
Taglöhner bei freiem Essen	6 Asse
Handwerker	16 Asse
Waren	**Preis**
ca. 0,3 l Öl	4 Asse
6,5 kg Roggen	12 Asse
6,5 kg Weizen	30 Asse
1 Teller	1 As
1 Tunika	60 Asse

Um seinen Lebensunterhalt finanzieren zu können, musste man pro Tag ca. 8 Asse verdienen.

Die Maßeinheiten der Römer

Vergleichen wir unsere Gewichts-, Hohl- und Längenmaße mit denen der Römer, so stellen wir fest, dass die Römer wesentlich komplizierter rechneten. Die römischen Maß- und Messeinheiten beruhen überwiegend auf dem Zwölfersystem. Die Unze war die Grundrecheneinheit. Auf unser heutiges Rechensystem übertragen, ergibt sich folgende Grobeinteilung:

Gewichtsmaße

1 Unze ~ 27 g
1 Pfund = 12 Unzen ~ 327 g
1 Kubus = 1 Amphore ~ 26,2 kg

Maße für Flüssigkeiten

1 Unze ~ 0,028 l
1 Becher ~ 0,27 l
1 Amphore ~ 26.21 l

Längenmaße

Die antiken Längenmaße orientierten sich größtenteils am menschlichen Körper.

1 Fingerbreite ~ 1,84 cm
1 Handbreite ~ 7,39 cm
1 Fuß ~ 29,57 cm
1 Doppelschritt ~ 1,481 m
1 Meile = 1 000 Doppelschritte ~ 1481 m

Einige Maßeinheiten haben sich bis heute erhalten: Fahrradreifen werden in inch angegeben, von „uncia", was „Zwölftel eines Fußes" bedeutet. Außerdem gibt es englische oder amerikanische Maße wie mile (~ 1,60 km) oder foot (~ 30 cm).

Waren für den Fernhandel

Handwerker, Gewerbetreibende und Bauern verkauften ihre Waren meist direkt an den Kunden oder belieferten Händler. Neben den Läden waren die regelmäßig stattfindenden Wochenmärkte der wichtigste Umschlagplatz für Waren und Lebensmittel. Was nicht im Umland hergestellt wurde, musste oft von weit her eingeführt werden. Den Fernhandel übernahmen Großhändler, die sich zu Handelsgesellschaften zusammenschlossen. Sie konnten das nötige Kapital aufbringen, um Schiffe und Karawanen zu mieten und in den risikoreichen Fernhandel zu Lande oder zur See einzusteigen.

Anhand von Funden römischer Münzen, aber auch römischer Luxuswaren kann man das weit verzweigte Netz des römischen Fernhandels in Europa, Asien und Afrika gut nachverfolgen.

An Lebensmitteln wurden vor allem Getreide, Wein, Olivenöl und die begehrte Fischsauce aus dem Mittelmeerraum eingeführt. Hinzu kamen aber auch Austern vom Atlantik, getrocknete Früchte wie z. B. Feigen aus den Mittelmeerländern, Datteln aus Israel und Äthiopien, Pfirsiche aus Persien oder exotische Gewürze aus Arabien und Indien.

Römisches Fass aus Bedaium,
dem heutigen Seebruck (Bayern)

Rot glänzende, verzierte Töpferware, luxuriöses Geschirr aus sogenannter Terra Sigillata (mit dem Herstellersiegel versehene Erde), kam anfänglich aus italienischen und französischen Werkstätten. Als diese in Deutschland Zweigniederlassungen eröffneten, verdrängten diese Töpferbetriebe allmählich die teurere Importware. Die bedeutendsten Terra-Sigillata-Fabriken waren in Rheinzabern am Rhein, in Trier an der Mosel sowie in Westerndorf und Pfaffenhofen bei Rosenheim am Inn. Sie belieferten nicht nur den einheimischen Markt, sondern versendeten ihre Töpferwaren bis nach England, Österreich, Ungarn, Rumänien und Bulgarien und sogar nach Polen und in den Ostseeraum.

Terra-Sigillata-Schüssel aus Sinzig (Rheinland-Pfalz), 2. Jahrhundert n. Chr.

Glasgefäße kamen ebenfalls zuerst aus Norditalien nach Deutschland. Da Glas eine äußerst zerbrechliche Handelsware war, eröffneten Glashütten aus Aquileia in Augsburg und Köln Zweigniederlassungen. Im 4. Jahrhundert n. Chr. wurden das ganze Weströmische Reich und das freie Germanien mit Glaswaren aus Deutschland beliefert.

Römische Waren bei den Germanen

Die Germanen schätzten römisches Trink- und Essgeschirr, Schmuck, Gebrauchsgegenstände, Waffen sowie römische Silber- und Goldmünzen. Die römischen Waren wurden eingehandelt, geraubt oder kamen

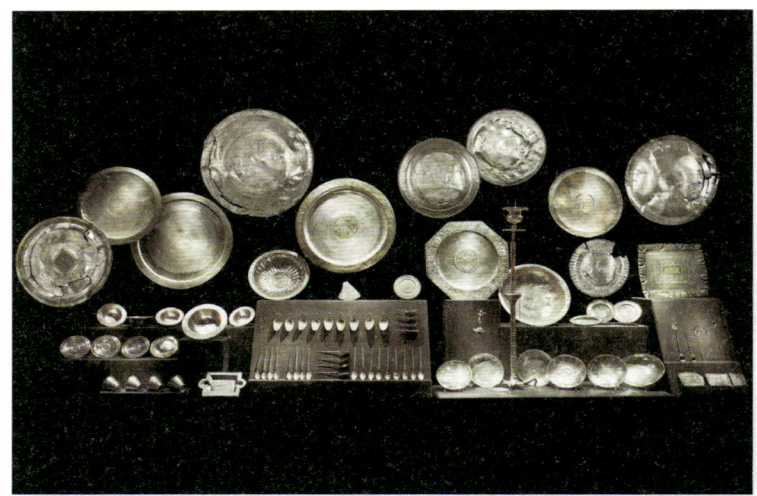

Aus Angst vor eindringenden Germanen vergruben die Römer um 351 n. Chr. über 270 Gegenstände aus Silber im Castrum Rauracense (heute Augst, Schweiz). Erst 1962 kam der Silberschatz durch Zufall wieder ans Licht.

als Geschenke, Tribut- und Soldzahlungen zu den Germanen. In Friedenszeiten überschritten römische Händler regelmäßig die Grenze ins freie Germanien, um Tauschhandel zu treiben. Gegen römische Waren und Silbermünzen tauschten sie von den Germanen Vieh, Fleisch, Salz, Felle und Leder, Daunenfedern, Wollstoffe und Sklaven. Begehrt waren auch blondes Frauenhaar, das zu Perücken verarbeitet wurde, und Bernstein, das versteinerte Harz von der Ostsee, welches die Römer für Schmuck verwendeten.

Bei den Beutezügen der Germanen ging es anfangs hauptsächlich um die Beschaffung von Rohstoffen. Gold, Silber, Bronze, Messing und Eisen waren im freien Germanien selten und deshalb hoch geschätzt. Römische Waffen kamen wegen des römischen Ausfuhrverbotes offiziell nicht in den Handel. Sie wurden auf dem Schwarzmarkt gehandelt, waren Beutestücke oder gehörten germanischen Kriegern, die als Söldner für die Römer kämpften.

Im germanischen Fürstengrab von Gommern (Sachsen-Anhalt) fand man auch importierte römische Luxusgüter, wie z. B. Geschirr aus Silber und Bronze, einen klappbaren dreibeinigen Tisch und gläserne Trinkgefäße (um 280 n. Chr.).

Die Provinzen

Die Verwaltung der Provinzen

In den Provinzen setzten die Kaiser Senatoren oder Ritter als Statthalter ein. Als Stellvertreter des Kaisers waren diese für zwei bis vier Jahre oberste Verwaltungschefs, Richter und militärische Oberbefehlshaber. Als die Verwaltungsaufgaben und die Grenzkriege in der späten Kaiserzeit immer mehr zunahmen, wurden die Zivil- und die Militärverwaltung getrennt. So war der Statthalter fortan nur noch für die Zivilverwaltung einer Provinz verantwortlich, während der Oberbefehlshaber der Grenztruppen für die Sicherheit einer oder mehrerer Provinzen zuständig war.

Neben dem Statthalter ernannte der Kaiser auch einen Finanzprokurator, der mit seinen Beamten regelmäßig Steuerschätzungen durchführte, an Steuerpächter das Recht vergab, für den Staat die verschiedenen Steuern einzuziehen, und die Einnahmen und Ausgaben einer oder mehrerer Provinzen überwachte.

Eine Provinz war in unterschiedliche Verwaltungsbezirke eingeteilt. Die städtischen und ländlichen Bezirke verwalteten sich nach einem einheitlichen Muster weitgehend selbst. So stand an der Spitze jedes Verwaltungsbezirks ein Rat aus 100 angesehenen und reichen Bürgern. Diese Ratsherren, die meist auf Lebenszeit gewählt wurden, erhielten für ihr Ehrenamt kein Geld. Vielmehr mussten sie öffentliche Bauvorhaben, Spiele oder Lebensmittelzuweisungen für Bedürftige zum Teil

← Römische Provinzbewohner in einheimischer Tracht

selbst bezahlen und hafteten mit ihrem Vermögen für die Steuereinnahmen des Bezirkes. Für ihre Großzügigkeit erhielten einheimische Ratsherren nach dem Ausscheiden aus dem Amt das römische Bürgerrecht verliehen.

Aus den Reihen der Ratsherren wurden jedes Jahr zwei Bürgermeister gewählt. Diese waren für die niedrige Rechtsprechung zuständig und mussten alle fünf Jahre das Vermögen ihrer Bürger schätzen sowie die Steuern festlegen. Zu ihrer Unterstützung wurden jährlich noch zwei Vizebürgermeister gewählt. Für die Finanzen wählten die Ratsherren einen Finanzverwalter. Da die ehrenamtlichen Bürgermeister jährlich wechselten, hatte eine Gemeinde einen festen Stab von bezahlten Mitarbeitern, die das Tagesgeschäft erledigten.

Die Bevölkerung

Vor der Ankunft der Römer lebten im Süden und Westen des heutigen Deutschlands keltische Stämme und im Bereich des heutigen Mittel-, Nord-, und Ostdeutschlands die Germanen. Main und Rhein bildeten die Trennungslinie zwischen den Germanen und Kelten, welche die Römer Gallier nannten. Doch der Übergang zwischen den Stammesgebieten war nicht genau festgelegt.

Mit der Ankunft der Römer verschoben sich die Stammesgebiete vor allem entlang des Rheins. Denn während des Gallischen Krieges vernichteten oder vertrieben die Römer keltische und germanische

Stämme. Anschließend siedelten sie verschiedene Stämme um und teilten ihnen neue Siedlungsgebiete auf römischem Gebiet zu.

Neben römischen Soldaten kamen auch Bauern, Handwerker und Händler mit ihren Familien aus anderen römischen Provinzen, vor allem aus Frankreich, den Alpen und Norditalien, und siedelten entlang der neuen Fernstraßen, bei Militärlagern oder in den neuen Verwaltungszentren.

Als immer mehr frei geborene einheimische Provinzbewohner das römische Bürgerrecht bekamen, verschwanden die Unterschiede zwischen Römern, Einheimischen und Zuwanderern. Im Verlauf weniger Generationen bildete sich eine römisch geprägte Mischbevölkerung heraus, die die römische Lebensweise, Sitten und Sprache übernahm.

Ab 250 n. Chr. verringerte sich die Bevölkerung in den römischen Grenzprovinzen, da sehr viele Menschen aufgrund der ständigen Bürgerkriege in immer häufiger werdenden Kämpfen gegen die Germanen und Pestepidemien umkamen oder in weniger gefährdete Provinzen abwanderten.

In den verwüsteten und entvölkerten Grenzprovinzen siedelten die Römer daraufhin immer mehr germanische Kriegsgefangene und Teilstämme als Verbündete an, die die Grenzsicherung übernehmen und die Versorgung der Bevölkerung sichern sollten. Die Germanen lebten weitgehend auf dem Land und verwalteten ihre Gebiete selbst, während sich die römische Restbevölkerung immer mehr in befestigte Siedlungen oder Städte zurückzog. Dadurch lebten die beiden Bevölkerungsgruppen mehr neben- als miteinander.

Grabstatuen eines Mannes in Toga und seiner Frau in einheimischer Tracht, die bei Ingelheim (Rheinland-Pfalz) gefunden wurden, um 50 n. Chr., Museum Wiesbaden

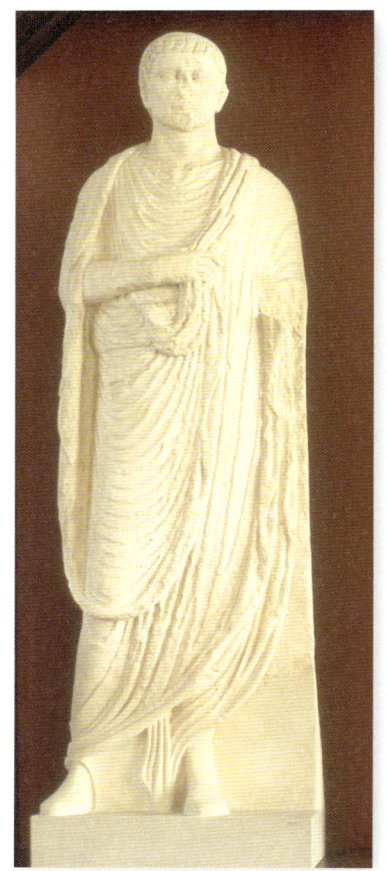

Freie Provinzbewohner

Alle freien Provinzbewohner waren Bürger ihrer Stadt oder ihres Verwaltungsbezirkes, ihrer Civitas. Von ihnen besaßen manche das römische Bürgerrecht, manche nicht. Häuptlinge und Stammesfürsten erhielten schon sehr früh das römische Bürgerrecht. Die Römer wollten nämlich die einheimische Führungsschicht für sich gewinnen und über sie deren Stammesangehörige kontrollieren. Andere reiche Einheimische erhielten das römische Bürgerrecht, wenn sie in den Rat ihrer Stadt oder ihres Verwaltungsbezirkes gewählt wurden und wichtige öffentliche Ämter übernahmen.

Viele Männer erwarben das römische Bürgerrecht durch ihren Militärdienst in den römischen Hilfstruppen (vgl. S. 31). So wurden immer mehr freie Provinzbewohner römische Bürger. Mit dem Erlass von Kaiser Caracalla im Jahr 212 n. Chr. erhielten alle Freigeborenen das volle römische Bürgerrecht.

Sklaven

Sklaven standen auf der untersten Stufe der Gesellschaft. Sie waren vorwiegend Kriegsgefangene oder deren Nachkommen und hatten keine Rechte. Wie viele Sklaven ein Römer besaß, hing von seinem Reichtum ab. Doch im Lauf der Zeit nahm der Anteil an Sklaven immer mehr ab. Je nach ihren Fähigkeiten und ihrem Können arbeiteten Skla-

ven im Haus, im Handel, Handwerk und Gewerbe, in der Landwirtschaft, in Steinbrüchen und Bergwerken. Besonders kluge und zuverlässige Sklaven wurden z. B. Verwalter, Erzieher, Lehrer und Ärzte, Boten, Schreiber oder Bibliothekare in den Privathäusern, oder sie machten Karriere im Staatsdienst.

Freigelassene

Als Anerkennung für besondere Verdienste wurden Sklaven von ihren Besitzern im Alter zwischen 30 und 40 Jahren freigesprochen und nahmen den Familiennamen ihrer Herren an. Freigelassene, also ehemalige Sklaven, hatten ein eingeschränktes römisches Bürgerrecht. Da sie keine Vollbürger waren, durften sie keine höheren öffentlichen Ämter annehmen, mussten aber auch keinen Militärdienst leisten und keine Steuern zahlen. Sie konnten zwar kein Land besitzen, durften aber Eigentum erwerben und dieses weitervererben. Im

Grabstein aus Nickenich bei Mayen (Rheinland-Pfalz), ca. 50 n. Chr. Das Relief zeigt einen Sklavenhändler, der zwei Sklaven an einer Kette führt, um sie zu verkaufen. LVR-Landesmuseum Bonn

Vergleich zu freien, aber armen Römern ging es manchen Freigelassenen oft besser. Durch Fleiß, Können, große Anpassungsfähigkeit und mit der Hilfe ihrer ehemaligen Herren wurden einige von ihnen sehr reiche Geschäftsleute und Unternehmer.

Grabstein des Bruttius Acutus, Freigelassener (= Libertus) eines Zenturios, in Köln

Wohnen in den Provinzen

Zum Teil wiederaufgebaute Hauptstraße des römischen Verwaltungs- und Handelszentrums Homburg-Schwarzenacker (Saarland). Der Ort lag in der Nähe zweier wichtiger Verbindungsstraßen. Die Siedlung wurde zur Zeit des Kaisers Augustus gegründet und bestand mit einer kurzen Unterbrechung fast 400 Jahre lang.

← Römisches Speisezimmer, Rekonstruktion

Römische Siedlungen

Die ersten römischen Dörfer entstanden an den Zufahrtsstraßen zu den Kastellen. Dort lebten die Angehörigen der Soldaten, Handwerker, Händler und Wirte sowie Tagelöhner und Sklaven. Sie alle arbeiteten zum großen Teil für die Armee. Die Versorgung der Soldaten und der Dorfbewohner übernahmen die Gutshöfe im Umland. Ob ein solches Lagerdorf nach dem Abzug der Truppen aufgegeben wurde oder als Siedlung weiterbestand, hing von seiner wirtschaftlichen Bedeutung für die Region ab.

Rekonstruktionsversuch des römischen Kastells und des Lagerdorfes von Quintana, Künzing (Bayern), mit einem Amphitheater aus Holz

Rekonstruktionsversuch der römischen Siedlung von Bliesbruck/Reinheim (Saarland)

Andere, vom Militär unabhängige Dörfer entstanden an der Kreuzung wichtiger Straßen, bei Flussübergängen oder Bergpässen. Diese Straßendörfer waren Marktplätze für die ländliche Bevölkerung. Hier gab es auch Polizei- und Zollstationen, Herbergen und Bäder sowie Reparaturwerkstätten und Wechselstationen für Zugtiere und Wagen. Einige dieser Straßendörfer waren reine Handwerkersiedlungen. Mit ihren Waren versorgten sie die regionalen und überregionalen Märkte.

An Orten mit Mineralquellen gründeten die Römer Kurorte mit umfangreichem Bade- und Kurbetrieb für Soldaten und die Provinzbevölkerung. Die Orte waren oft zugleich Pilgerzentren, da die Heilquellen einheimischen oder römischen Wasser- oder Heilgottheiten geweiht waren.

Wohnen in den Provinzen

Römische Häuser

Das römische Streifenhaus war der am weitesten verbreitete Haustyp nördlich der Alpen. Das lang gestreckte Gebäude war sowohl Arbeitsstätte als auch Wohnhaus. Die meist eingeschossigen Häuser waren zwischen 6 und 12 Meter breit und zwischen 12 und 40 Meter lang. Zuerst waren die Streifenhäuser reine Holzbauten oder Fachwerk-

Frühes Streifenhaus: mit Lehm verputztes Holzfachwerk auf dem Auerberg (Bayern), um 40 n. Chr.

Streifenhaus aus Stein mit Laden, Wohnräumen und Keller unter dem Gehweg aus Bad Wimpfen im Tal (Baden-Württemberg), um 100 n. Chr.

konstruktionen, die mit Lehm oder Bruchsteinen ausgefüllt waren. Sie besaßen ein Stroh- oder Holzschindeldach. Später wurden sie auch aus Bruchstein und Mörtel oder teilweise aus Ziegeln errichtet und hatten Ziegeldächer. Einige Häuser hatten aber auch Wände aus gestampftem Lehm oder Fundamente aus „römischen Zement", die mithilfe von Holzschalbrettern hochgezogen wurden.

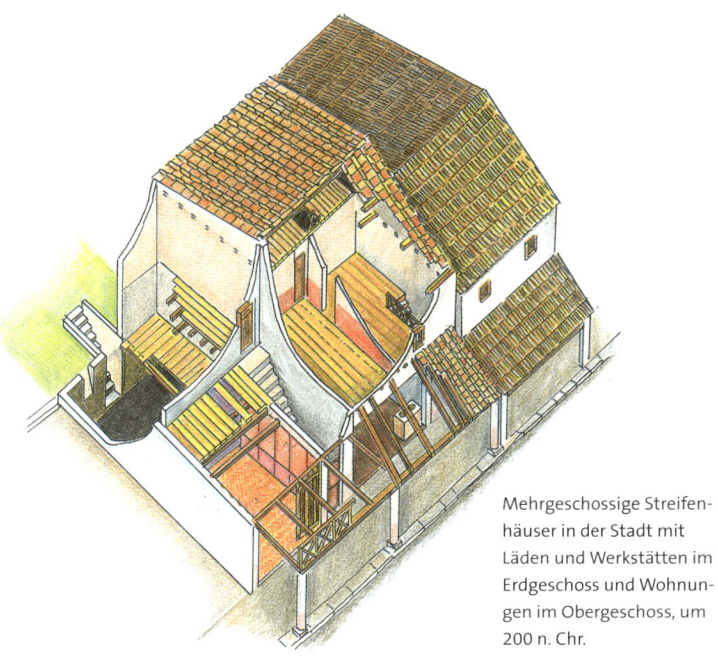

Mehrgeschossige Streifenhäuser in der Stadt mit Läden und Werkstätten im Erdgeschoss und Wohnungen im Obergeschoss, um 200 n. Chr.

Wohnen in den Provinzen

Die Streifenhäuser waren mit ihrer Schmalseite zur Straße hin ausgerichtet. Die Werkstätten und Verkaufsräume öffneten sich zur Straße hin und besaßen fast immer ein Vordach. Küche und Wohnräume lagen meist im rückwärtigen Teil des Hauses.

Zu jedem Haus gehörte ein schmaler Garten, in dem Obst und Gemüse für den Eigenbedarf angebaut wurde. Hier befanden sich auch die Toiletten und der Ziehbrunnen sowie bei Töpfern und Schmieden die Brenn- oder Schmelzöfen.

In den Städten, wo der Platz begrenzt war, gab es zweigeschossige Streifenhäuser mit Geschäften, Verkaufsräumen und Werkstätten im Erdgeschoss sowie Wohnräumen im Obergeschoss. Bei manchen Häusern waren ein oder mehrere Räume unterkellert, um Lager- und Vorratsräume zu schaffen.

Die reiche Oberschicht wohnte in großen und luxuriös ausgestatteten Stadthäusern. Bei diesen sogenannten Peristylhäusern waren die Zimmer und Räume um einen Säulenhof (= peristylium) gruppiert.

Nachgebaute Handwerkerhäuser im LVR-Archäologischer Park Xanten (Nordrhein-Westfalen)

Die Einrichtung der Häuser

Die Häuser der meisten Römer waren äußerst einfach gebaut und eingerichtet: Die Böden waren aus gestampftem Lehm, hatten einen Ziegel-Kalk-Estrich und waren mit Holzbrettern, Natursteinplatten oder Tonziegeln ausgelegt. Die Wände wurden verputzt und weiß, ocker oder rot getüncht. Nur wenige Streifen und Ziermuster lockerten die Wandfläche auf.

Die Vermögenden stellten ihren Reichtum zur Schau. Sie ließen die Wohnräume und insbesondere die Empfangs- und Speisezimmer aufwendig mit Wandmalereien, Marmorplatten oder Marmornachbildungen an den Wänden, Säulen und Statuen ausschmücken. Die Stuckdecken waren oft farbig. Mosaike zierten die Fußböden.

Darstellung von Einrichtungsgegenständen im Inneren eines Sarges:
Regal, geschnitzter Tisch mit drei Löwenbeinen, verschiedene Gefäße und Schrank.
Sandsteinsarg von Simelveld (Niederlande), um 200 n. Chr.

Die Häuser und Wohnungen der Römer waren – im Vergleich zu heute – sehr spärlich möbliert. Lediglich die verwendeten Materialien und die Verarbeitung machten den Unterschied zwischen Arm und Reich deutlich.

Die Tische waren aus Holz, Bronze oder sogar Marmor. Wertvolle Holztische waren mit kostbaren Einlegearbeiten aus Elfenbein verziert, und die Tischbeine hatten Menschen- oder Tiergestalt.

Zum Sitzen verwendete man einfache Schemel, Stühle mit Arm- und Rückenlehne aus Holz, Klappstühle aus Holz oder Bronze und Korbsessel mit hoher Rückenlehne.

Als Betten dienten meist Holzgestelle mit Lederriemenbespannung, aufwendig gedrechselte Liegen mit Kopfstützen und Rückenlehne aus Bronze oder Holz. Darüber lagen eine dicke Matratze und Kissen, die mit Stroh, Heu, Wolle oder Federn gefüllt waren. Als Decke dienten unterschiedlich verarbeitete und verzierte Woll- oder Leinentücher. Die arme Bevölke-

Nachbau eines Schlafzimmers mit Bett, Korbsessel und Bronzetisch in Augst (Schweiz)

rung hingegen schlief auf dem Boden auf Stroh- oder Heusäcken oder einfachen Matratzen.

In reichen Häusern standen in den Speisezimmern spezielle Speisesofas, sogenannte Klinen. Je nach Größe konnten eine bis drei Personen darauf liegen und essen.

Die Dinge des täglichen Lebens wurden in Wandnischen und kleinen Kammern mit Regalen oder in Truhen aufbewahrt. Geld und Wertsachen legte man in Holztruhen, die mit Bronze- oder Eisenbändern beschlagen und durch Schlösser gesichert waren.

Da es in römischen Häusern meist nur kleine Fenster gab, spendeten Öllämpchen aus Ton oder Bronze sowie Kerzen aus Wachs oder Schweinetalg Licht. Deren Leuchtkraft war sehr gering, sodass viele Lichtquellen nötig waren.

Tragbare Holzkohlenbecken, die man auf einem dreibeinigen Ständer ins Zimmer stellte, waren neben dem Herdfeuer oft die einzige Wärmequelle in den Häusern der einfachen Bevölkerung.

Um Rauch und Geruchsbelästigungen zu vermeiden, ließen sich reichere Römer in einem oder mehreren Räumen eine Fußboden- und Wandheizung einbauen.

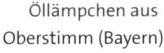

Öllämpchen aus Oberstimm (Bayern)

Römische Städte

Römische Stadtplanung

Vor der Ankunft der Römer gab es nur bei den Kelten größere stadtähnliche Siedlungen, die von den Römern „Oppida" genannt wurden. Die ersten römischen Städte waren Xanten, Köln und Augst (Schweiz) am Rhein, Trier an der Mosel, Kempten an der Iller, später Augsburg am Lech und Rottweil am Neckar.

Neben diesen Provinzhauptstädten, die durch den Beinamen „Municipium" oder „Colonia" gekennzeichnet waren, gründeten die Römer an wichtigen Verkehrsknotenpunkten regionale Verwaltungs- und Wirtschaftszentren, die sie „Capita Civitatis" (= Hauptorte) nannten. Diese wurden von der Provinzverwaltung als politische, wirtschaftliche und religiöse Zentren alter Stammesgebiete oder neuer Verwaltungsbezirke ausgebaut.

Um der Bevölkerung die römische Lebensart zu ermöglichen, ließ die Provinzverwaltung öffentliche Bauten (wie z. B. Marktplatz, Gerichtshalle, Tempel, Bäder, Verwaltungsbauten oder Theater) errichten und gewährte den Gemeinden das eingeschränkte Recht auf Selbstverwaltung. Dadurch konnten diese einen Gemeinderat wählen sowie Bürgermeister und Verwaltungsbeamte ernennen und lokale Angelegenheiten selbst regeln.

← Porta Nigra, das berühmte Stadttor in Trier

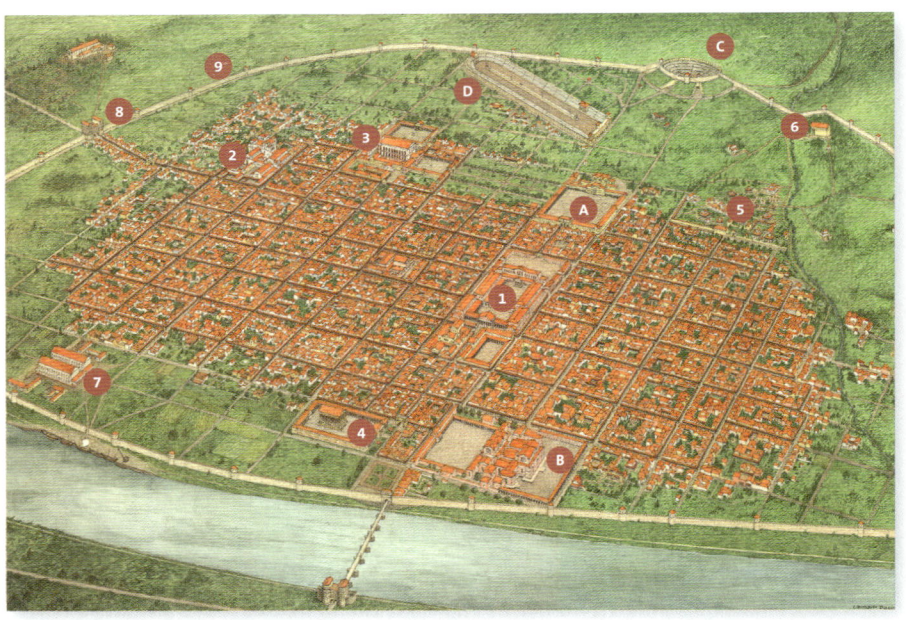

Ansicht der spätantiken Kaiserstadt Trier (Rheinland-Pfalz). Deutlich ist der schachbrettartige Grundriss zu erkennen.

1. Forum
2. Kaiserliche Privatpaläste
3. Palastbasilika
4. Asklepiostempel
5. Tempelbezirk am Altbachtal
6. Tempel am Herrenbrünnchen
7. Getreidespeicher
8. Porta Nigra (nördliches Stadttor)
9. Stadtmauer

Freizeiteinrichtungen:
A. Kaiserthermen
B. Barbarathermen
C. Amphitheater
D. Circus

Römische Städte

Die Entwicklung von Städten

Die größten römischen Städte im heutigen Deutschland:

Trier	80.000 Einwohner
Köln	40.000 Einwohner
Mainz	30.000 Einwohner
Xanten	etwa 20.000 Einwohner
Augsburg	10.000 bis 15.000 Einwohner
Rottweil	2.000 bis 5.000 Einwohner

Das Wachstum einer Stadt und seiner Bevölkerung hing von verschiedenen Faktoren ab. So wuchs z. B. das Municipium Augsburg (Bayern), als das Limesgebiet nördlich der Donau feindlich besetzt wurde. Dadurch wurde Augsburg neuer Verkehrsknotenpunkt, und die Provinzverwaltung siedelte von Kempten nach Augsburg über.

Im Municipium Rottweil stoppte die Verlegung der Handelsroute die Stadtentwicklung, während sich gleichzeitig Ladenburg als Verwaltungssitz der Neckarsueben zu einer Kleinstadt weiterentwickelte und fast doppelt so groß wurde wie Rottweil. Aufgrund der Germaneneinfälle und des Rückzugs der Römer aus den rechtsrheinischen Gebieten wurden jedoch beide Städte bereits im 3. Jahrhundert aufgegeben.

Trier, Köln oder Mainz entwickelten sich dagegen zu wahren Großstädten. Wegen ihrer verkehrsgünstigen und strategisch wichtigen Lage konnten sie über Jahrhunderte ihre Vormachtstellung behaupten: Mainz als Militär- und Flottenstützpunkt und Hauptstadt der Provinz Germania superior, Köln als Hauptstadt der Provinz Germania inferior, kurzzeitig sogar als Hauptstadt des Gallischen Sonderreiches und Trier zuerst als Provinzhauptstadt von Belgica, später sogar als Kaiserresidenz und als eine der Hauptstädte des Weströmischen Reiches.

Stadtviertel

Die Römer bauten ihre Städte in der Regel nach einem einheitlichen Muster. Da ihre Planer häufig Soldaten waren, ähnelte der Stadtplan dem römischer Militärlager. Die Städte waren meist schachbrettartig angelegt und durch Verteidigungsanlagen geschützt. Das Zentrum lag am Marktplatz, im Schnittpunkt der beiden Hauptstraßen. Das übrige Stadtgebiet war in Bereiche für andere öffentliche Großbauten, wie Badeanstalten, Theater und Tempel, in Wohngebiete und Handwerkerviertel sowie in Freiflächen für zukünftige Bauvorhaben aufgegliedert.

Verteidigungsanlagen

Das weithin sichtbare Kennzeichen einer römischen Stadt waren ihre Stadtmauer und Stadttore. Die Verteidigungsanlagen dienten anfänglich weniger Sicherheitsbestrebungen als der Darstellung römischer Macht. Als Bürgerkriege und Germaneneinfälle sich häuften, schützten

Die Stadtmauer von Xanten war 6 Meter hoch, 3,4 Kilometer lang und besaß 22 Wehrtürme sowie drei große Stadttore. Der Baubeginn lag um 106 n. Chr.
Teil der rekonstruierten Stadtmauer, LVR-Archäologischer Park Xanten (Nordrhein-Westfalen)

sich auch viele Kleinstädte mit einem Mauerring. Je nach Finanzlage der Bewohner umschloss die Wehrmauer die ganze Siedlung oder nur das Stadtzentrum.

Die Stadtmauern waren 6 bis 8 Meter hoch und 2 bis 3 Meter dick. Sie bestanden meist aus zwei Mauern aus Steinquadern oder Ziegeln, zwischen die Bruchsteine und Kalkmörtel gefüllt wurden. Auf der Mauerkrone verlief ein mit Zinnen und Schießscharten versehener Wehrgang. Zusätzlichen Schutz boten hohe Wehrtürme und Verteidigungsgräben.

Die Stadttore waren besonders aufwendig gestaltet und stark befestigt. Zwischen mehrgeschossigen Türmen zu beiden Seiten der Stadttore waren die Tore nach außen meist durch ein Fallgitter und stadteinwärts durch Holztore gesichert.

Römische Städte

Oberirdisches Teilstück des Eifel-Aquädukts aus dem Urfttal nach Köln in Mechernich-Vussem (Nordrhein-Westfalen). Die Fernwasserleitung war 95,4 Kilometer lang und lieferte pro Tag ca. 200.000 Kubikmeter Frischwasser. Das entspricht 1.200 Liter pro Einwohner.

Wasserversorgung und Kanalisation

Der Wasserverbrauch einer römischen Stadt war drei- bis viermal höher als heute. Wenn die Brunnen der Stadt nicht ausreichten, leiteten die Römer das Wasser von Quellen im Umland über viele Kilometer in die Städte. Die dafür benötigten Fernwasserleitungen (Aquädukte) waren gemauert und mit Zement abgedichtet. Auf Bögen und Pfeilern überbrückten sie Täler und Senken, führten das Wasser um Hügel herum oder durch Tunnel in die Stadt. Dort wurde das Wasser über Ton-, Stein- oder Holzröhren sowie durch Bleileitungen zu den Bädern, den öffentlichen Brunnen der Stadtviertel und zu den Häusern der Reichen geleitet.

Um die gewaltigen Mengen an Ab- und Regenwasser aus der Stadt abzuleiten, verlegten die Römer unter den Straßen Abwasserkanäle. Unter den Hauptstraßen waren diese gemauert und zum Teil begehbar. Einfachere Abwasserkanäle bestanden aus Holz. Auch die öffentlichen Toiletten, die sich bei den Badeanstalten oder an den Hauptstraßen befanden, waren an die Kanäle angeschlossen und wurden durch Abwasser ständig gespült. Die Kanalreinigung sowie die Müllabfuhr übernahmen meist Sklaven der Stadtverwaltung.

Gemauerter Abwasserkanal in Trier (Rheinland-Pfalz)

Die Bauwerke einer Stadt

Das Forum

Mittelpunkt jeder Stadt war das Forum als Versammlungs- und Marktplatz. Es lag meist am Schnittpunkt der beiden Hauptstraßen. Umgeben von überdachten Säulengängen und einer Vielzahl von Büros und Geschäften, war es mit prächtigen Bauwerken, Standbildern und Ehrenbögen geschmückt. Am Forum standen die Verwaltungsgebäude der Stadt, der Provinz oder des Reiches sowie die Basilika (Versammlungs- und Gerichtshalle), in der auch der Stadtrat zusammenkam.

Tempel und Heiligtümer

Virtuelle Rekonstruktion des Hafentempels in Xanten (Nordrhein-Westfalen), LVR-Archäologischer Park Xanten

In jeder Stadt gab es eine Vielzahl von Tempeln, Heiligtümern, Kultstätten, und Altären. Sie waren die Orte religiösen Lebens einer Stadt, des Umlandes oder sogar einer Provinz. Während die Haupttempel beim Forum lagen, waren andere über die ganze Stadt verstreut oder befanden sich in ummauerten heiligen Bezirken am Stadtrand.

Wiederaufgebauter geschlossener Umgangstempel im Tempelbezirk in Kempten (Bayern)

Die Tempel besaßen meist einen rechteckigen Grundriss, hatten ein Giebeldach und waren mit Säulen geschmückt. Das Kultbild oder die Statue der Gottheit befand sich im Inneren des Gebäudes. Über eine Freitreppe, auf der manchmal ein Altar stand, gelangte man in eine offene Säulenvorhalle und von dort zum Kultraum mit den Götterstatuen. Diesen Innenraum durften aber nur die Priester und Tempeldiener betreten, während die Gläubigen im Hof den Kulthandlungen beiwohnten.

Keltisch-römische Tempel waren sogenannte Umgangstempel mit einem zentralen Kultraum für die Gottheit und einem offenen Säulenumgang oder einem geschlossenen Umgang.

Freizeiteinrichtungen

Die Städte boten ihren Bürgern und den Bewohnern des Umlandes viele Möglichkeiten der Zerstreuung und Freizeitgestaltung.

Jede Stadt hatte mehrere Badeanstalten, sogenannte Thermen (vgl. S. 159 ff).

Computergestützte Teilrekonstruktion auf der Grundlage von heute noch erhaltenen Resten der Barbaratherme in Trier (Rheinland-Pfalz); Baubeginn um 150 n. Chr. Sie war zu ihrer Zeit die zweitgrößte Badeanlage im Römischen Reich.

In Amphitheatern fanden zu besonderen Anlässen blutige Tierhetzen, Tierkämpfe, Hinrichtungen und Gladiatorenkämpfe statt (vgl. S. 162). Sie waren oval und sahen wie heutige Fußballstadien aus. Die Größe des Baus hing von der Einwohnerzahl einer Stadt und des Umlandes ab.

Freilufttheater befanden sich oft in der Nähe des Forums oder eines Tempels. Sie waren halbkreisförmig gebaut, hatten aufsteigende Sitzreihen und ein Bühnengebäude. In Theatern wurden aber nicht nur Schauspiele aufgeführt, sondern sie waren auch Versammlungsorte für die Bewohner oder Abordnungen der ländlichen Siedlungen eines Verwaltungsbezirks.

Reste des Amphitheaters in Trier (Rheinland-Pfalz), 2. Jahrhundert n. Chr., mit 20.000 Sitzplätzen

Das Theater in Augst (Schweiz) umfasste ca. 10.000 Sitzplätze. Es ist der besterhaltene Bühnentheaterbau nördlich der Alpen.

Ein Stadion für Wagenrennen, einen Circus, besaßen nur sehr große, reiche Städte, wie z. B. Trier. Da eine Rennbahn fast 500 Meter lang war, veranstaltete man die Rennen oft außerhalb der Stadtmauern auf ebenem Gelände oder in einem lang gestreckten Tal, von dessen Hängen die Schaulustigen das Geschehen beobachten konnten. (vgl. S. 163)

Virtuelles Modell des Stadions für Wagenrennen in Trier (Rheinland-Pfalz), Das Stadion hatte ca. 25.000 Sitzplätze, Baubeginn um 300 n. Chr.

Hafenanlagen

Viele Städte lagen an Flüssen und hatten einen Hafen mit Molen, Kais, Werften und Speicherbauten. Auch für den Städtebau waren die Häfen wichtig: Häufig waren die großen Mengen an Baumaterial nicht in unmittelbarer Nähe zu finden. Dann übernahmen Kähne und Schiffe den Schwerlast- und Massengütertransport. Aber auch Verbrauchsgüter, Lebensmittel und Luxuswaren aus anderen Städten und Provinzen wurden über den Wasserweg herbeigeschafft, in Speicherbauten zwischengelagert, auf Karren und Wagen umgeladen und zu den Märkten im Landesinneren gebracht.

Nachbau eines ca. 21 Meter langen Kriegsruderbootes mit Segel für 32 Ruderer nach Funden aus dem römischen Hafen in Mainz, um 400 n. Chr.

Friedhöfe

Die Friedhöfe einer Stadt lagen immer außerhalb der Stadtmauern zu beiden Seiten der Ausfallstraßen. Hinter bepflanzten Grabhügeln, reich verzierten und bunt bemalten Tempel- und Turmgräbern reicher Römer lagen von der Straße etwas zurückgesetzt die Gräber der einfachen Bevölkerung.

Teilrekonstruierte Grabmale aus Trierer Gräberfeldern (Rheinland-Pfalz)

Leben auf dem Land

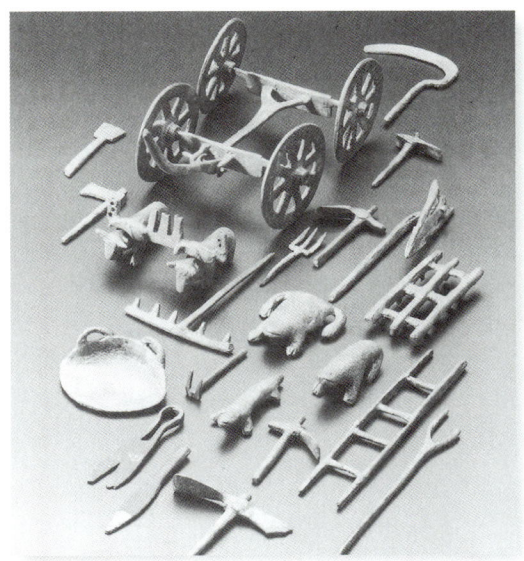

Geräte aus der Landwirtschaft

Römische Gutshöfe

Die Römer überzogen das Land mit einem dichten Netz von Gutshöfen. Diese waren unterschiedlich groß und lagen, wie heutige Aussiedlerhöfe, meist wenige Kilometer entfernt von Landstraßen und Siedlungen inmitten der Felder und Weiden. Sie versorgten sich selbst und verkauften

← Herrenhaus eines römischen Landgutes

Nachbau des Landgutes Villa Borg (Saarland). Die Anlage wurde von 50 n. Chr. bis 400 n. Chr. mehrfach umgebaut und erweitert. Zu einem Gutshof gehörten das Herrenhaus, die Unterkünfte für die Landarbeiter, Scheunen, Stallungen, Fahrzeugschuppen, Brunnen und ein Bad. Daneben gab es verschiedene Gebäude, in denen die Erzeugnisse des Hofes weiterverarbeitet wurden.

ihren Überschuss an die Armee sowie an die Bewohner der Siedlungen und Städte. Bauerndörfer, wie wir sie heute kennen, gab es nicht.

Die Besitzer der landwirtschaftlichen Betriebe waren ehemalige römische Soldaten, freie einheimische oder aus anderen Provinzen zugewanderte Bauern sowie reiche Römer. Die kleineren und mittleren Höfe wurden von einer Bauernfamilie selbst bewirtschaftet. Reiche Großgrundbesitzer stellten dagegen Pächter und Verwalter ein. Die eigentliche Arbeit verrichteten einheimische Bauern, Landarbeiter mit ihren Familien, Tagelöhner, Saisonarbeiter und Sklaven.

Das gesamte Hofareal mit Wohnhäusern und Wirtschaftsgebäuden war von einer Hecke, einem Zaun oder auch einer Steinmauer umgeben. Auf dem Hofbereich oder in unmittelbarer Nähe standen manchmal ein kleiner Tempel oder eine Jupitergigantensäule. An der Zufahrtsstraße zum Hof lag der Friedhof der Besitzer oder Pächter, etwas entfernt davon befanden sich die Gräber der Bediensteten.

Das Herrenhaus war das schönste Gebäude auf einem Hof. Je nach Region folgte es einem einheitlichen Bauschema. Die Wohn- und Schlafräume hatten fast alle Fußboden- und Wandheizungen und Glasfenster. Die Bäder waren in einem Seitenflügel des Haupthauses, meist jedoch in einem eigenen Gebäude untergebracht.

Landwirtschaft

Die römischen Bauern betrieben Acker- und Obstbau sowie Vieh- und Waldwirtschaft. Welche Nahrungsmittel sie anbauten oder welche Tiere sie züchteten, hing von der Beschaffenheit des Bodens, dem Klima sowie von den Absatzmärkten ab. Neben landwirtschaftlichen Produkten verkauften die Landgüter auch Bau- und Brennholz sowie Baumaterialien wie z. B. Kalk, Kies oder Ziegel.

Zur Bodenbearbeitung verwendeten die Römer Hacken, Spaten, Pflüge und Eggen. Mit Sicheln und Sensen schnitt man Gras oder Getreide und trug es mit Rechen und Gabeln zusammen.

Ein Landarbeiter trennt durch Rütteln und Hochwerfen das Korn vom Spelz. Ein anderer Mann trägt das Korn in einem Korb zur Weiterverarbeitung weg. Relief aus Mainz (Rheinland-Pfalz) um 200 n. Chr. heute im Landesmuseum Mainz

An Getreidesorten bauten die Römer bei uns vor allem Dinkel, Emmer oder Einkorn an, am Rhein auch den empfindlichen Weizen. Roggen, Gerste und Hafer dienten meist als Viehfutter.

Zu Erbsen, Linsen und Ackerbohnen kamen verschiedene Gemüsesorten, Salatpflanzen und Kräuter.

Flachs (Lein) diente vor allem zur Herstellung von Stoffen für Segel und Kleidung. Seine Samen lieferten Öl, das viel billiger war als importiertes Olivenöl.

Die Römer betrieben auch intensiven Obstanbau. Es gab ca. 15 verschiedene einheimische oder eingeführte Obstsorten: u.a. mehrere Apfel- und Birnensorten, Zwetschgen, Pflaumen, Pfirsiche, Kirschen und Walnüsse.

Weinbau war vor allem an Rhein und Mosel zu finden, sodass teurere Importweine aus Italien, Frankreich und Spanien immer weniger gefragt waren.

Viehzucht

Die Römer züchteten zahlreiche Rinder- und Pferderassen. Da die einheimischen Rassen viel kleiner waren, kreuzten die Römer einheimische Muttertiere mit größeren männlichen Tieren aus den Mittelmeergebieten. Pferde dienten in erster Linie als Reit- und Packtiere. Rinder wurden als Arbeits-und Zugtiere eingesetzt, lieferten aber auch Fleisch. Wegen seines Fleisches wurde das Wollschwein sehr geschätzt. Es war auf dem Markt teurer als Rindfleisch.

Von Schafen und Ziegen kamen Fleisch, Milch, Käse und Wolle. Bienen sorgten für Honig, das einzige Süßungsmittel, und Wachs für Schreibtäfelchen, Kerzen und zum Abdichten. Auch Geflügel war beliebt: Hühner, Gänse, Enten und Tauben lieferten Fleisch, Eier und Daunen.

Für die Jagd sowie als Wach- und Schoßhunde wurden verschiedene Hunderassen gezüchtet. Seit der Römerzeit gibt es bei uns auch Hauskatzen.

Kleindarstellungen von Nutztieren aus verschiedenen Fundorten in Bayern: Rind aus Bronze von Augsburg und Ziegenbock aus Bronze von Weißenburg

Leben auf dem Land

Handwerk

Das römische Handwerk hatte einen hohen Entwicklungsstand. Neben den eigenen Kenntnissen übernahmen die Römer Wissen und Handwerkstechniken von den eroberten Völkern und entwickelten sie weiter. Mit den Soldaten und Handwerkern in der römischen Armee gelangte dieses Wissen selbst in die entferntesten Provinzen.

Handwerker hatten in der römischen Gesellschaft ein geringes Ansehen. In kleinen oder mittelgroßen Familienbetrieben stellten sie ihre Waren her und verkauften sie, oder sie arbeiteten gegen Lohn in privaten oder staatlichen Betrieben und fabrikähnlichen Großwerkstätten. Nur sehr wenige Handwerker wurden reich oder wegen ihrer Kunstfertigkeit berühmt.

Handwerksberufe

Zur Römerzeit gab es ungefähr 200 Handwerksberufe, deren Namen sich von den jeweiligen Produkten, die hergestellt wurden, ableiteten. Die vielen Berufsbezeichnungen zeigen den hohen Grad der Spezialisierung und der Arbeitsteilung. Denn wer vom Handwerk leben wollte, musste vor allem in den Städten eine Marktlücke suchen, sich auf die Herstellung ganz bestimmter Waren verlegen und gute Qualität liefern. Auf dem Land hingegen musste ein Handwerker oft verschiedene Tätigkeiten innerhalb seines Berufszweiges ausüben.

← Des Schmiedegott Vulkan

Eine Schlosserwerkstatt. Der Geselle betätigt den Blasebalg, vor dem Amboss sitzt der Schmied. Grabstein aus Aquileia (Italien), um 150 n. Chr.

In größeren Ansiedlungen und Städten gab es eigene Handwerkerviertel, wo sich Werkstätten mit ihren Läden aneinanderreihten. Wegen der Brandgefahr mussten sich Schmiede, Bronzegießer und Töpfer am Rand oder außerhalb der Wohngebiete niederlassen. Dort arbeiteten wegen der starken Geruchsbelästigung und des anfallenden Unrats auch die Ledergerber und Färber, wenn ausreichend Wasser vorhanden war.

Die Handwerker

Ausbildung

Eine freie Berufswahl, wie wir sie heute kennen, gab es bei den Römern nicht. In Handwerkerfamilien wurden die Berufsgeheimnisse von Generation zu Generation weitergegeben. Die Ausbildung begann meist im Kindesalter und endete spätestens mit dem Erreichen der Volljährigkeit. Fehlte der geeignete Nachwuchs, so wurde ein junger Verwandter oder Sohn eines anderen Handwerkers als Lehrling aufgenommen oder sogar adoptiert. Andere Handwerker kauften Sklaven und bildeten sie aus. Wenn ein Sklave freigelassen wurde, konnte er seinen eigenen Betrieb eröffnen.

Berufstätige Frauen

Viele Frauen führten den Haushalt, versorgten die Kinder und arbeiteten im Familienbetrieb mit. Arme Römerinnen, Freigelassene und Sklavinnen gingen auch außerhalb des Hauses einem Beruf nach. Sie arbeiteten vorwiegend im Handel, im Verkauf, in der Textilverarbeitung, in der Kosmetik- und Parfümherstellung oder als Friseurin. Angesehen waren Ärztinnen, Hebammen, Ammen, Krankenpflegerinnen oder Erzieherinnen. Außerdem gab es Musikerinnen, Tänzerinnen, Schauspielerinnen oder Prostituierte. Diese hatten einen schlechten Ruf. Gelegentlich arbeiteten Frauen sogar in „typischen Männerberufen" als Schmiedin oder Malerin oder waren Eigentümerin von Handwerksbetrieben.

Blumen- und Gemüsehändlerin. Darstellung auf einer Begräbnisplatte, Ostia (Italien), ca. 180 n. Chr.

Löhne

In der Regel bekam ein ausgebildeter Handwerker nur den Materialwert des verwendeten Werkstoffes und einen geringen Arbeitslohn sowie Essen. In Groß- oder Zulieferbetrieben wurden Arbeiter und Arbeiterinnen nach Stückzahl bezahlt. Sklaven oder Lehrlinge bekamen für ihre Arbeit überhaupt kein Geld. Oft reichte der Lohn gerade für den Unterhalt der Familie. In vielen Fällen musste die ganze Familie, auch die Kinder, mitarbeiten.

Römische Handwerkskunst in Deutschland

Flache und gewölbte Dachziegel aus dem LVR-Archäologischer Park Xanten (Nordrhein-Westfalen)

Wandmalerei aus Köln (Nordrhein-Westfalen), zwischen 100 und 200 n. Chr.

Terra-Sigillata-Geschirr aus Rheinzabern (Rheinland-Pfalz), zwischen 150 und 250 n. Chr.

Reste des Mosaikfußbodens aus einem Gebäude in Kraiburg (Bayern), um 250 n. Chr.

Glasgefäße aus Bonn (Nordrhein-Westfalen), um 300 n. Chr.

Handwerk

Römisches Familienleben

Die römische Großfamilie

Zu einer römischen Familie gehörten die Eltern, die Kinder sowie später die Schwiegertöchter, alle Sklaven, die freigelassenen Sklaven und die Gefolgsleute. Die Gefolgsleute waren meist arme Römer, die sich unter den Schutz eines einflussreichen Römers stellten, ihn politisch und gesellschaftlich unterstützten und von ihm gefördert wurden.

Das Oberhaupt der römischen Großfamilie war der Vater. Ihm gehörte der ganze Besitz der Familie. Er allein entschied über alle Angelegenheiten, sogar über Leben und Tod. Alle Mitglieder der römischen Großfamilie – auch erwachsene Söhne und deren Familie – mussten ihm gehorchen.

Die Ehefrau war als Mutter und Hausherrin sehr angesehen. Eine Gleichstellung von Mann und Frau gab es bei den Römern jedoch nicht. Die Frau war ihr Leben lang mehr oder weniger abhängig, zunächst vom Vater, später von ihrem Ehemann.

In der Kaiserzeit wurde das Eherecht zugunsten der Frauen geändert. Sie bekam das Recht, einen eigenen Vormund zu benennen, eigenes Vermögen zu besitzen und dieses zu vererben oder sich scheiden zu lassen. Unter Kaiser Konstantin und den nachfolgenden christlichen Kaisern verschlechterte sich die Stellung der Frau wieder.

← Elternpaar mit Kind

Geburt und Namensgebung

Die Römerinnen brachten ihre Kinder im Liegen oder im Sitzen zur Welt. Einige Tage nach der Geburt legte die Mutter das Neugeborene vor die Füße ihres Ehemanns. Hob er das Kind auf, wurde es in die Familie aufgenommen und bekam den Familiennamen des Vaters. Einige Tage später wurde ein großes Familienfest gefeiert, bei der die Babys Amulette als Schutz- und Glücksbringer bekamen. Neugeborene, die nicht aufgehoben wurden, bekamen keinen Familiennamen; sie wurden weggegeben und wuchsen als Sklaven auf.

Blieb eine Ehe kinderlos, so wurde ein Junge aus der Verwandtschaft oder dem Freundeskreis adoptiert, damit der Familienname nicht ausstarb. Aus dem gleichen Grund wurden manchmal auch Schwiegersöhne adoptiert, wenn eine Familie nur Töchter hatte.

Jungen und Mädchen bekamen unterschiedlich viele Namen. Die Mädchen trugen oft nur die weibliche Form des väterlichen Familiennamens und gelegentlich noch einen Beinamen (Lucia = die am Tag Geborene oder Prima = die zuerst Geborene). Die Jungen erhielten mindestens drei Namen: einen Vornamen, den Familiennamen und einen Beinamen. Weil es nur etwa 15 verschiedene Vornamen gab, erhielten die Jungen einen oder mehrere Beinamen (z. B. Magnus = der Große). Diese entsprechen unseren Spitznamen. Vollbrachte ein Mann in seinem späteren Leben eine besondere Leistung, bekam er oft einen Ehrennamen verliehen.

Sklaven hingegen hatten nur einen Vornamen. Freigelassene fügten ihrem Vornamen den Familiennamen ihres ehemaligen Herrn hinzu.

Kindheit

In den ersten Lebensjahren führten die Kinder ein unbeschwertes Leben. Sie wurden von der Mutter oder weiblichen Familienmitgliedern umsorgt und erzogen. In reichen Familien übernahmen diese Aufgaben oft eine Amme und bei Jungen ein Erzieher. Dieser war meist ein sehr geachteter Sklave.

Mit dem sechsten oder siebten Lebensjahr war das sorglose Leben für die Kinder jedoch vorbei. Mädchen arbeiteten dann im Haushalt mit, Jungen halfen dem Vater oder einem Verwandten bei dessen Arbeit.

Kinder beim gemeinsamen Essen mit Hund und Flötenbegleitung. Darstellung auf einer Grabstele aus Metz (Frankreich)

Schulzeit

Bei den Römern gab es keine allgemeine Schulpflicht. Die Entscheidung, ob die Kinder lesen, schreiben und rechnen lernen oder aber arbeiten sollten, lag allein beim Vater. Reiche Römer beschäftigten Privatlehrer. Andere Eltern schickten ihre Kinder zu berufsmäßigen Lehrern, zu Verwandten, die lesen, schreiben oder rechnen konnten, oder unterrichteten sie selbst.

Da der Unterricht bei den professionellen Lehrern Geld kostete, erhielten viele Kinder nur Elementarunterricht in Lesen, Schreiben und Rechnen. Mädchen wurden meist nur bis zum Alter von 12 Jahren unterrichtet.

Für die Söhne der Reichen gab es in den großen Städten weiterführende Schulen mit den Unterrichtssprachen Latein und Griechisch. In den Grammatikschulen wurden Texte bekannter Schriftsteller behandelt. Daneben standen auch Geschichte, Geografie, Musik und Religion, Sternenkunde und Physik auf dem Stundenplan. Mathematik oder Geometrie spielte eine untergeordnete oder überhaupt keine Rolle.

In Rhetorenschulen lernten zukünftige Staatsbeamte, Politiker oder Rechtsanwälte Reden richtig aufzubauen und wirkungsvoll vorzutragen, einen komplizierten Sachverhalt von allen Seiten zu beleuchten und sachbezogen zu diskutieren.

Die Schulzeit an weiterführenden Schulen dauerte bis zum 15. oder 17. Lebensjahr.

Der Unterricht fand meist in angemieteten Räumen statt. Er umfasste pro Tag etwa sechs Stunden und wurde durch das Mittagessen zu Hause unterbrochen. Freie Wochenenden oder Ferien gab es nicht. Nur an Feiertagen hatten die Schüler frei.

Die Schüler saßen auf Hockern oder Holzbänken um den Lehrer herum, schrieben Texte ab und wiederholten die Worte des Lehrers so oft, bis sie diese auswendig aufsagen und schreiben konnten. Da es kaum Schulbücher gab, diktierte der Lehrer Texte oder Aufgaben, und die Schüler kratzten ihre Übungen mit einem Griffel auf Wachstäfelchen ein. Wurden die Schüler unruhig oder konnten sie das Gelernte nicht auswendig aufsagen, wurden sie an den Ohren gezogen und mit der Rute geschlagen.

Unter der Anleitung des Lehrers lesen zwei Schüler in Schriftrollen. Ein dritter Schüler mit Wachstäfelchen hebt die Hand zum Gruß. Unterrichtsszene von einem Grabmal aus Neumagen (Rheinland-Pfalz), um 200 n. Chr.

Römisches Familienleben

Schreiben und Rechnen bei den Römern

Die Römer schrieben vor allem auf gerahmte Holztäfelchen, die mit Bienenwachs ausgegossen waren. Der Text wurde mit einem Griffel aus Holz, Knochen oder Metall in das Wachs eingeritzt. Verschrieb man sich oder brauchte man das Geschriebene nicht mehr, so drehte man den Griffel einfach um und strich das Wachs mit dem spachtelförmigen Ende glatt. Wichtige Dokumente und Bücher wurden auf ägyptischen Papyrus oder Pergament aus Tierhäuten geschrieben, das sehr teuer war. Dazu benutzten die Römer Schreibfedern aus unterschiedlichem Material. Es gab schwarze Tinte, rote Tinte für die Überschriften und unsichtbare Geheimtinte. Fehler wurden mit einem feuchten Schwamm oder Bimsstein gelöscht.

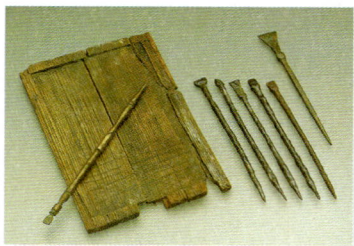

Wachstäfelchen aus Sulz,
Bronzegriffel aus Hüfingen und Sulz
(Baden-Württemberg)

Zwei Tintenfässer aus Ton und
ein Schreibgriffel aus Bayern.
Das Tintenfass aus Bronze
stammt aus Österreich.

Wir verwenden auch heute noch die Schrift der Römer. Deshalb können wir römische Inschriften lesen. Um sie zu verstehen, muss man aber Latein, die Sprache der Römer, können. Achtung: Die Buchstaben J, U, W und Y fehlen im römischen Alphabet. Das lateinische V steht für die Laute V und U, das römische I steht für I und J. So schrieben die Römer beispielsweise den Namen Julius als IVLIVS.

Die Buchstaben verwendeten die Römer auch als Zahlen.

Einfache Rechenaufgaben lösten die Römer im Kopf und mithilfe der Finger. Für komplizierte Rechenvorgänge verwendete man ein Rechenbrett, den Abakus.

I	=	1
II	=	2
III	=	3
IV	=	4
V	=	5
VI	=	6
IX	=	9
X	=	10
XL	=	40
L	=	50
C	=	100
M	=	1000

Nachbildung eines Handabakus, mit dem Händler auf dem Markt schnell rechnen konnten

Römisches Familienleben

Volljährigkeit

Zwischen 14 und 17 Jahren wurden römische Jungen volljährig. Die sogenannte Freisprechung war ein großes Familienfest und wurde am 17. März gefeiert. Sie entspricht der heutigen Firmung oder Konfirmation bzw. der Jugendweihe.

Nachdem der Jugendliche den Hausgöttern seine Amulettkapsel (vgl. Bild S. 140), die ihm als Baby um den Hals gelegt worden war, geopfert hatte, erhielt er die Männertoga. Freunde und Verwandte geleiteten ihn zum Forum, wo er in die Liste der römischen Bürger eingetragen wurde.

Für Mädchen gab es keine besondere Feier. Fühlte sich ein Mädchen reif für die Ehe, so legte sie ihre Puppen auf den Hausaltar. Dies war für den Vater das Zeichen, dass er sich nach einem geeigneten Bräutigam umschauen sollte.

Jungen aus römisch-keltischen Familien erhielten Hirschgeweih-Rosen als Glücksbringer, 1.–3. Jahrhundert n. Chr., Augst (Schweiz)

Ehe

Römische Eltern verlobten und verheirateten ihre Kinder meist schon in jungem Alter. So galt ein Mädchen bereits mit zwölf Jahren und ein Junge ab vierzehn Jahren als heiratsfähig. Meist warteten die Eltern jedoch, bis die Jungen siebzehn oder zwanzig Jahre alt waren. Aus Liebe zu heiraten oder sich selbst einen Partner zu suchen, war nicht üblich. Vielmehr wählten die Väter den Ehepartner aus. Passte eine

Verbindung in die Familienpolitik und weigerten sich die Brautleute nicht ausdrücklich, so wurde unter Zeugen Verlobung gefeiert und die Mitgift festgelegt.

Die Römer kannten verschiedene Formen der Eheschließung und des Zusammenlebens. Die Ehe konnte durch einen Priester geschlossen oder die Braut zum Schein vom Schwiegervater gekauft werden. Heiratswillige konnten aber auch ein Jahr auf Probe zusammenleben und sich dann ohne Hochzeitfeier das Ja-Wort geben. Während bei diesen Formen der Eheschließung die Frau ihrem Ehemann und ihrem Schwiegervater völlig unterstellt war, gehörte die Frau in einer Ehe mit Ehevertrag weiterhin ihrer eigenen Familie an und konnte frei über ihr Geld verfügen. Außerdem konnte man sich ohne Probleme scheiden lassen. Diese Art der Ehe setzte sich immer mehr durch.

Hochzeitsfeierlichkeiten mit Ehe- und Treueversprechen auf einem Marmorsarg aus Rom (Italien), um 240 n. Chr.

Römisches Familienleben

Tod und Bestattung

Starb ein Familienmitglied, so wusch, salbte und schminkte man den Verstorbenen und bahrte ihn in Festtagsgewändern im Haus auf. Um dem Toten die letzte Ehre zu erweisen, wurde seine Bahre geschmückt, Öllampen aufgestellt, Weihrauch abgebrannt, das Herdfeuer gelöscht und die Totenklage angestimmt.

Die eigentliche Trauerfeier und die Verbrennung des Leichnams fanden drei Tage später statt. Dabei wurde der Tote in einem feierlichen Trauerzug zum Verbrennungsplatz außerhalb der Ansiedlung oder des Gutshofs getragen. Dort wurde der geschmückte Scheiterhaufen mit dem Leichnam verbrannt. Nach der Einäscherung sammelten die Angehörigen die Asche und die Knochenreste ein und füllten sie in eine Urne aus Ton oder Glas.

Dann zog die Trauergemeinde zum Totenmahl in das Haus des Verstorbenen. Die Angehörigen durften an diesem Mahl nicht teilnehmen, da sie bis zur Beisetzung der Urne als unrein galten. Die Trauerzeit endete nach neun Tagen mit einem Totenopfer und -mahl im engsten Familienkreis. Zum Andenken an die Verstorbenen wurden den Toten Grabmäler errichtet und regelmäßig Totengedenkfeiern abgehalten.

Als sich die Vorstellungen über das Jenseits änderten, wurden viele Tote ab ca. 200 n. Chr. nicht verbrannt, sondern in einem Sarg beigesetzt.

Tonbecher mit der Asche des Verstorbenen sowie Salbfläschen aus Glas und Geschirrreste aus Ton als Grabbeigaben. Brandgrab aus Neuburg a. d. Donau (Bayern), um 200 n. Chr.

Kleidung in den Provinzen

Die römische Mode

Ehepaar in römischer Tracht auf einem Grabstein aus Augsburg (Bayern). Die Frau trägt über ihrer Tunika ein Schlauchkleid (Stola) und ein großes rechteckiges Tuch (Palla). Der Mann ist mit Tunika und Toga bekleidet. Die Toga und die Schriftrolle in der linken Hand kennzeichnen ihn als römischen Bürger.

Familie in keltisch-römischer Tracht aus Mainz um 50 n. Chr., nach Darstellungen von Grabsteinen

Bei den Römern war durch Gesetz vorgeschrieben, wer welche Kleidung tragen durfte. So erkannte man z. B. einen Senator an einem breiten senkrechten roten Purpurstreifen an der Toga.

Auch durch die Stoffart und die Farbe der Gewänder war sichtbar, wer reich oder arm war. Reiche und vornehme Römer trugen weiße, hellblaue, gelbe, orange oder rote bis dunkelviolette Gewänder aus fein gewebter Wolle, Leinen, Baumwolle oder sogar Seide. Das einfache Volk

← Eine vornehme Römerin lässt sich die Haare legen.

kleidete sich dagegen mit dunkel eingefärbten Gewändern aus grobem Wollstoff.

Römische Männer und Frauen trugen als Untergewand eine Tunika. Sie war ein kragenloses Woll- oder Leinenhemd mit Armschlitzen, das aus zwei rechteckigen Stoffstücken zusammengenäht war und später auch Ärmel hatte. Bei Frauen war die Tunika knöchellang und wurde durch einen Gürtel unter der Brust zusammengehalten.

Die Kleidung der Frauen

Als Unterwäsche trugen die Frauen ein Brusttuch und eine Art Slip oder Lendenschurz. Über der Tunika trugen sie ein sehr weites, ärmelloses Schlauchkleid, die Stola. Es wurde mit Schulterbändern oder Gewandnadeln (Fibeln) über den Schultern zusammengeheftet. Um dem Kleid die richtige Länge und ein wirkungsvolles Aussehen zu geben, gürtete man die Stola um die Taille oder unter der Brust und legte sie in Falten.

In der Öffentlichkeit hüllte sich die vornehme verheiratete Römerin in ein großes rechteckiges Tuch, die Palla.

Sitzende Frau mit Tunika und gegürteter Stola aus Kellmünz (Bayern)

Die Kleidung der Männer

Bei besonderen Anlässen trug der römische Mann in der Öffentlichkeit über der Tunika eine Toga. Sie war das Zeichen des freien römischen Bürgers. Die Toga bestand aus einem knapp fünf Meter langen und dreieinhalb Meter breiten weißen Wollstoff, der halbkreisförmig zugeschnitten war. Sie war ein kompliziert gefaltetes Festtagsgewand, das man nur mit Hilfe anlegen konnte und in dem man sich langsam und würdevoll bewegen musste. Denn eine ungeschickte Bewegung reichte aus, um die kunstvoll gelegten Stoffbahnen zu lösen, sich darin zu verheddern oder zu stolpern.

Die gelblich-weiße Toga war meist ohne Verzierungen. Nur hohe Beamte, Priester und Jungen bis zur Volljährigkeit trugen eine Toga mit Purpurstreifen. Bewarb sich ein Römer um ein öffentliches Amt, so legte er eine blütenweiße Toga, die „toga candida", an. Davon leitet sich unser Begriff „Kandidat" (Bewerber oder Anwärter auf ein Amt) her. Eine goldbestickte Purpurtoga hingegen durften nur siegreiche Feldherren und natürlich der Kaiser tragen.

Statue eines Mannes mit Tunika und Toga, Nassenfels (Bayern)

Im Alltag trugen die Männer über der Tunika einen Umhang oder einen Kapuzenmantel. Der kurze Mantel war glockenförmig geschnitten, vorne offen oder wie ein Poncho geschlossen. Daneben gab es noch einen langen, weit geschnittenen Umhang und einen kurzen Soldatenmantel. Da sie aus gewalktem Wollstoff waren, schützten sie hervorragend vor Nässe und Kälte. Hosen und Wadenbinden gehörten hingegen zur einheimischen Tracht.

Die Kleidung der Kinder

Im Gegensatz zu heute kannten die Römer keine spezielle Kindermode. Jungen und Mädchen trugen eine Tunika. Wie bei den Erwachsenen erkannte man lediglich an der Länge des Gewandes, für welches Geschlecht es bestimmt war. Bei feierlichen Anlässen trugen Jungen zusätzlich eine Toga und Mädchen eine Stola.

Schuhe und Sandalen

Mann mit Kapuzenmantel. Bronzefigürchen aus Trier (Rheinland-Pfalz)

Auf der Straße trugen die Römer meist über den Knöchel gehende, geschlossene Halbschuhe, während man zu Hause Sandalen oder Pantoffeln bevorzugte. Die Schuhe der Senatoren und Ritter waren aus unterschiedlichen Ledersorten gefertigt und hatten ein weiches Oberleder, das rot oder schwarz gefärbt war. Reiche Römerinnen liebten weiche und gefärbte Halbschuhe, die mit Perlen, Elfenbein und Edelsteinen verziert waren. Dagegen trugen Bauern und Soldaten meist robuste, genagelte Schuhe oder Stiefel aus Rindsleder.

Nachbildung verschiedener römischer Schuhmodelle aus der Zeit um 220 n. Chr., nach Funden aus Welzheim (Baden-Württemberg)

Haartracht

Die Haar- und Barttracht der Römer hing von der jeweils gerade vorherrschenden Mode ab, die meist vom Kaiserhaus ausging.

Die Frisuren der Frauen waren zur Zeit des Kaisers Augustus noch schlicht und einfach – man trug das Haar gescheitelt und knotete es mit bunten Bändern im Nacken zusammen. Doch im Lauf der Zeit wurden sie immer komplizierter. Für besonders üppige Frisuren wurden fremde Haarteile oder Stoffstreifen mit eingeflochten oder Perücken verwendet. Wer mit der eigenen Haarfarbe nicht zufrieden war, färbte sich die Haare mit Henna rot oder bleichte sie mit Birkenasche oder einer Spezialseife aus Gallien. Da blondes oder rotblond schimmerndes Haar besonders geschätzt wurde, waren Perücken aus germanischem Frauenhaar sehr beliebt.

Eine Frauenfrisur aus der Zeit um 80 n. Chr. Von vorne sind viele kleine Ringellocken zu sehen, dahinter sind die Haare in viele schmale Zöpfe geflochten, die zu einem Knoten gefasst werden.

Kaiser Augustus (31 v. Chr. – 14 n. Chr.) mit kurzem Haar, ohne Bart

Kaiser Marc Aurel (161 – 180 n. Chr.) mit kunstvoll gekräuseltem Haar und Bart

Die Haartracht der Männer wechselte im Lauf der Zeit immer wieder zwischen Kurzhaarschnitt und längerem, auch gekräuseltem Haar. In der Zeit des Augustus trugen die Männer keinen Bart, später kamen Bärte in Mode.

Schmuck

Die Römerinnen trugen viele Arten von Schmuck. Je nach Vermögen trugen sie einfache oder mehrgliedrige Halsketten, Ohrringe, Armreifen, Haarnadeln oder Fibeln (Gewandspangen). Besonders beliebt war Goldschmuck. Im Lauf der Jahrhunderte wandelte sich der Geschmack, und so wurden auch farbige Edelsteine sowie Perlen verarbeitet. Auch ärmere Leute konnten sich kostengünstigen Bronzeschmuck mit Glas- und Emaileinlagen leisten.

Ringe zierten auch die Finger von Männern. Sie waren aus Gold, Bronze oder Eisen. Beliebt waren Siegelringe mit Einlagen aus geschnittenem Edelstein oder Glaspaste sowie Schlüsselringe zum Verschließen von Schmuckkästen.

Frauenschmuck aus dem Schatzfund von Isny (Baden-Württemberg): verschiedene Halsketten mit Glasperlen und Korallen, Fingerringe mit Glasflusseinlagen, Ohrringe, Armreifen, Haarnadeln und Münzen

Die Kleidung der einheimischen Bevölkerung

Die Provinzbewohner kleideten sich wie Römer oder trugen keltische oder germanische Tracht beziehungsweise eine Kombination aus römischer und einheimischer Kleidung. Zur typischen einheimischen Kleidung gehörten auch Hosen.

Keltische Männer am Rhein trugen über der Tunika einen ponchoähnlichen Kapuzenumhang, einen Schal und hohe Stiefel.
Ihre Ehefrauen bevorzugten eine Art langärmlige Tunika als Untergewand, ein weites, knöchellanges, ärmelloses Obergewand, das mit Gewandnadeln oder Broschen an der Schulter und dem Untergewand zusammengehalten wurde, und einen Umhang.
Familiengrabstein des Schiffunternehmers Blussus, seiner Ehefrau Menimane und ihres Sohnes Primus mit einer runden Amulettkapsel, aus Mainz-Weisenau (Rheinland-Pfalz), um 50 n. Chr., heute im Landesmuseum Mainz

Besonders traditionsbewusste Frauen trugen, wenn sie verheiratet waren, Hauben und Hüte aus Filz oder Pelz, manchmal in Kombination mit einem Schleier oder Kopftuch. Frau mit norisch-keltischer Schleierhaube aus Lendorf, Kärnten (Österreich)

Essen und Trinken

Die meisten Provinzbewohner aßen sehr einfache Gerichte, wie gewürzten Getreide- und Gemüsebrei, Eintopfgerichte aus Ackerbohnen, Linsen und Erbsen mit etwas Speck, Käse, Brot und Wasser sowie einheimische Salat-, Gemüse- und Obstsorten.

Getreidebrei und Brot wurden meist aus Dinkel, Emmer, Einkorn, Gerste und Hirse zubereitet. Wohlhabende Römer bevorzugten Brot und Gebäck aus Weizen. Auf dem Speiseplan standen auch verschieden zubereitetes Fleisch, Fisch, Gemüse und Salate sowie Obst. Hülsenfrüchte wie Erbsen, Bohnen und Linsen spielten wie einheimische Getreidearten für die ärmere Bevölkerung eine sehr wichtige Rolle, da sie trocken gelagert werden konnten und somit das ganze Jahr über verfügbar waren.

Zusammenstellung einer römischen Mahlzeit nach Ausgrabungsbefunden des Römermuseums in Augst (Schweiz)

← Nachbau einer römischen Küche

Römischer Geschmack

Aus der Römerzeit haben sich sehr viele Rezepte erhalten. Sie zeigen, dass die Römer einen anderen Geschmack hatten als wir heute. Denn es kam ihnen nicht auf den Eigengeschmack der Lebensmittel, sondern auf die Würzung an, die man zur Zubereitung verwendete. So konnten Gerichte mit den gleichen Zutaten ganz unterschiedliche Geschmacksrichtungen haben: süß-sauer, süß-bitter, salzig-scharf oder süß-scharf.

Das Universalgewürz war eine salzige Fischsauce (lateinisch: liquamen oder garum bzw. allec), die aus Eingeweiden von verschiedenen Fischen hergestellt wurde. Noch heute finden wir in der asiatischen Küche ähnlich schmeckende Fischsaucen.

Das begehrte Olivenöl wurde vor allem aus Spanien eingeführt und war teuer. Deshalb verwendete man einheimische Öle aus Lein-, Mohn- und Leindottersamen. Als Ersatz für Öl diente auch Schweinefett. Butter hingegen lehnten die Römer als barbarisch ab.

Festlich dekorierte Fleischtafel mit einem Hasen, Weintrauben, sechs Spanferkeln und zwölf Hähnchen auf einem Bronzedeckel, Mundelsheim (Baden-Württemberg), um 200 n. Chr.

Getränke

Zum Essen trank man Wasser, mit Wasser verdünnten Traubenmost, ein Weinessig-Wasser-Gemisch und Wein. Da Wein bei unsachgemäßer Lagerung und Transport schnell zu Essig wird, wurde er – wie noch heute in Griechenland üblich – geharzt. Beliebt waren auch Gewürzweine, denen Myrrhe, Veilchen oder Pfeffer und Honig beigegeben waren, und Mulsum, ein mit Honig und Gewürzen versetzter Traubenmost. Daneben trank man auch Obst- und Beerenweine.

Mit Bier und Met stillten vorwiegend die einheimische Provinzbevölkerung und Soldaten der Hilfstruppen ihren Durst.

Weinbecher aus Trier mit aufgemalten Trinksprüchen: VIVAS (Du mögest leben!) und VIVITE FELICES (Lebt glücklich!), um 250 n. Chr., gefunden in Potzham und München (Bayern)

Die Mahlzeiten

Die Römer aßen dreimal am Tag. Das Frühstück bestand meist aus Brot, Käse und Eiern sowie Wasser oder Milch.

Zum Mittagessen aß man zu Hause die Reste des Vortages, einen Eintopf, manchmal etwas Fleisch und Früchte. Viele Stadt- oder Dorfbewohner nahmen ihr Mittagessen aber auch im Stehen in einer der Garküchen oder bei fliegenden Händlern ein. Hier gab es kostengünstige Eintöpfe, gebratene oder geröstete Würstchen, Oliven, Süßspeisen, Obst und Brotfladen. Dazu trank man mit Wasser verdünnten Most oder Wein.

Die Hauptmahlzeit fand am späten Nachmittag statt. Bei Reichen umfasste dieses „Abendessen" meist drei Gänge. Als Vorspeise aß man Eier, Gemüse und Salate oder Fisch. Der Hauptgang bestand aus Fleisch oder Fisch mit verschiedenen Saucen und Beilagen. Zum Nachtisch wurden Käse und Obst gereicht. Süße Backwaren rundeten das Essen ab. Die Speisen wurden in der Küche mundgerecht zerkleinert oder als Ganzes serviert und vor den Augen der Gäste zerlegt. Wohlhabende Römer speisten im Liegen, während die Ehefrauen auf Stühlen saßen und die Kinder mit den Hausbediensteten in der Küche aßen. Ärmere Leute saßen beim Essen auf einfachen Schemeln.

Eine römische Familie beim Abendessen: Die Männer liegen auf einem Speisesofa vor dem gedeckten Tisch, auf dem zwei Obstplatten stehen. Die Frau links sitzt auf einem Korbstuhl, die Frau rechts auf einem Holzstuhl. Darstellung auf einem Grabmal aus Neumagen (Rheinland-Pfalz)

Im Sommer nahmen reiche Römer ihr Abendessen gerne im Hof unter freiem Himmel ein.

Küchen- und Tafelgeschirr

Die Speisen wurden auf dem offenen Herdfeuer ohne Rauchabzug gekocht, gebraten, gegrillt oder gebacken. An Küchengeschirr gab es verschieden große Teller, Schüsseln, Töpfe, Pfannen, Reibschalen (Mörser), Siebe, dreibeinige Untersätze aus Eisen für Töpfe aus Ton oder Metall, sowie unterschiedliche Vorratsgefäße.

Im Gegensatz zum robusten Küchen- oder Alltagsgeschirr der ärmeren Leute war das Tafelgeschirr der Reichen fein gearbeitet und verziert. Es war aus Ton, Bronze, Silber oder Glas.

Silbernes Tafelgeschirr: zwei Teller, ein Trinkbecher mit Griff, zwei Becher für Sauce, Suppe oder Eintopf und drei Löffel. Schatzfund aus Manching (Bayern)

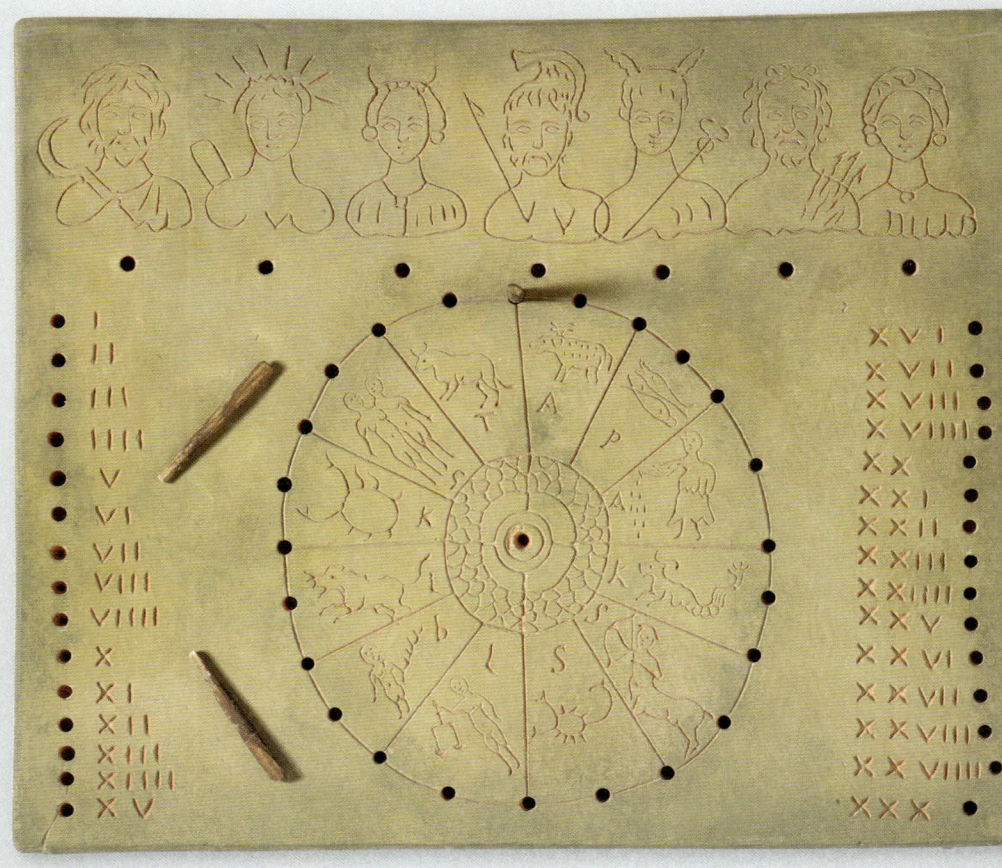

Die Zeiteinteilung der Römer

Die römische Zeitrechnung begann mit der Gründung Roms (753 v. Chr.). Die einzelnen Jahre wurden nach den beiden Konsuln benannt, die jeweils für ein Jahr die höchsten Beamten im Römischen Reich waren.

Das römische Jahr

Die Römer berechneten das Jahr zunächst nach den Mondphasen und unterteilten es von März bis Dezember in 10 Monate und 304 Tage. Unter Julius Caesar wurde das Sonnenjahr mit 12 Monaten und 365 Tagen eingeführt. Die Monate hatten jedoch verschieden viele Tage. So hatte der Februar 23 Tage, der November 33 Tage oder der Dezember 34 Tage. Da die Dauer des römischen Jahres nicht ganz genau mit dem Sonnenjahr übereinstimmte, wurde zum Ausgleich alle vier Jahre ein Schaltjahr eingeschoben.

Der römische Monat hatte nur drei feststehende Datumstage: Die Kalenden bezeichneten den ersten Tag des Monats bzw. des zunehmenden Mondes, die Nonen lagen neun Tage vor Vollmond, und die Iden waren der Tag des Vollmondes. Wollte man ein Datum genau angeben, so zählte man die Tage bis einschließlich zu den nächsten Kalenden,

← Spätrömischer Steckkalender

Die Monate

Unsere Monatsnamen tragen römische Namen. Sie leiten sich zum größten Teil von römischen Gottheiten bzw. römischen Zahlen ab:

Januar stammt vom doppelgesichtigen Gott Janus, der sowohl in die Vergangenheit als auch in die Zukunft schauen konnte.

Februar bedeutet der Monat der Reinigung und Sühne (von februare – reinigen).

März kommt von Mars, dem Gott des Krieges.

April kommt wahrscheinlich vom Wort „aperire – öffnen"; er ist also der Monat, der im Frühjahr die Erde öffnet.

Mai stammt wahrscheinlich von Maia oder Maius, einer Gottheit des Wachstums.

Juni steht für Juno, die Gemahlin des Jupiter.

Juli wurde nach Julius Caesar benannt.

August hat seinen Namen von dem Kaiser Augustus.

Die restlichen Monatsnamen sind abgeleitete Zahlwörter und belegen, dass das römische Jahr ursprünglich nur zehn Monate hatte:

September kommt von septem = 7, der siebte Monat, da das römische Jahr ursprünglich mit dem März begann; heute: 9. Monat.

Oktober kommt von octo = 8, heute: 10. Monat.

November kommt von novem = 9, heute: 11. Monat.

Dezember kommt von decem = 10, heute: 12. Monat.

Nonen und Iden. So war z. B. der 27. Mai der 6. Tag vor den Kalenden des Juni, also vor dem 1. Juni.

Die Wochentage

Ursprünglich hatte die römische Woche acht Tage. Eine Woche begann und endete am Markttag. Seit Kaiser Augustus setzte sich die Sieben-Tage-Woche durch, die heute noch gilt.

Der Steckkalender aus Ton zeigt in der oberen Reihe die sieben Götter der Wochentage, beginnend links mit Saturn (Samstag). In der unteren Reihe sitzt Minerva, die Göttin u. a. der Weisheit und des Handwerks, zwischen je zwei Büsten, die Jahreszeiten darstellen. Die Löcher an beiden Seiten ermöglichten die Kennzeichnung des Monatstages. Abguss von einer Tonform aus Trier (Rheinland-Pfalz), um 350 n. Chr.

Die Namen der Wochentage gehen im Deutschen und Englischen hauptsächlich auf germanische Gottheiten zurück. Die lateinischen Namen leiten sich von römischen Göttern ab und leben heute noch im Italienischen und anderen romanischen Sprachen weiter.

Deutsch	Englisch	Latein	Italienisch
Montag Mani = germanischer Gott des Mondes	**mon**day	**Lunae** dies Luna = römische Göttin des Mondes	**lun**edi
Dienstag Ziu = germanischer Gott, Beschützer des Markt- und Gerichtstags	**tues**day	**Martis** dies Mars = römischer Gott des Krieges und des Ackerbaus	**mart**edi
Mittwoch Mitte der Woche	**wednes**day Wotan = höchster germanischer Gott	**Mercurii** dies Merkur = römischer Gott des Handels	**merco**ledi
Donnerstag Donar/Thor = germanischer Gott des Donners	**thurs**day	**Iovis** dies Jupiter = höchster römischer Gott	**giove**di
Freitag Freya = germanische Muttergottheit	**Fri**day	**Veneris** dies Venus = römische Göttin der Schönheit und der Liebe	**vener**di
Samstag Sabbat = jüdischer Feiertag	**Satur**day Saturn = römischer Gott der Aussaat	**Saturni** dies Saturn = römischer Gott der Aussaat	**sabato** Sabbat = jüdischer Feiertag
Sonntag Sonne	**Sun**day	**Solis** dies Sol = römischer Sonnengott	**domenica** Dies dominicus = Tag des Herrn (christlich)

Sonn- und Feiertage

Die Römer kannten Werk- und Feiertage. Als Feiertage galten die Tage nach den Kalenden, Nonen und Iden. Hinzu kamen besondere Tage: die sogenannten „Schwarzen Tage", die unter einem bösen Vorzeichen standen, und „Religiöse Tage". Es gab auch offizielle Festtage, die mit Opferungen, Gebet und öffentlichen Spielen begangen wurden. Sie wurden jährlich abgehalten oder zu besonderen Anlässen vom Kaiser oder Provinzstatthalter verordnet. Neben diesen großen Festtagen, die von allen gefeiert wurden, gab es lokale Festtage und Feste von einzelnen Religionsgemeinschaften und Handwerkerzünften.

Ursprünglich kannten die Römer 45 Festtage, die einen Tag oder später mehrere Tage dauern konnten. Im Lauf der Jahrhunderte kamen aber immer mehr hinzu, sodass im Jahr 354 n. Chr. 176 arbeitsfreie Festtage im Kalender vermerkt waren. Dies entspricht unseren 52 freien Wochenenden und vier Wochen Urlaub.

Tageseinteilung

Heute ist der Tag in 24 gleich lange Stunden eingeteilt. Dagegen waren die Tages- und Nachtstunden der Römer unterschiedlich lang. Diese teilten den Tag von Sonnenaufgang bis Sonnenuntergang in 12 gleiche Zeitabschnitte ein. Da dieser Zeitraum im Lauf des Jahres aber unterschiedlich lang ist, dauerte eine „Tagstunde" im Sommer ungefähr 80

Reste einer Hohlkugel-Sonnenuhr aus Stuttgart (Baden-Württemberg), um 200 n. Chr.
Die Stundenlinien waren rechts und links von der Mittagslinie eingeritzt. An einem Punkt auf der Mittagslinie war der Schattenstab aus Metall (= Zeiger) angebracht.

Minuten, im Winter dagegen nur etwa 40 Minuten. Ebenso waren auch die Nachtstunden unterschiedlich lang. Gemessen wurde die Zeit mit Sonnenuhren. Sie befanden sich auf öffentlichen Plätzen und an Gebäuden, und es gab sogar kleine, tragbare Reise-Sonnenuhren. In Räumen oder bei Dunkelheit verwendete man Wasseruhren als Zeitmesser.

Die Uhrmacher mussten für jeden Ort die Stundeneinteilung eines Jahres aus der Sommer- und Wintersonnenwende und den beiden tagundnachtgleichen Tagen im Herbst und Frühling errechnen. Das ist auch heute noch sehr schwierig.

Arbeitszeit

Ein Arbeitstag begann meist kurz vor Sonnenaufgang und endete mit Sonnenuntergang. Bei Tagesanbruch versammelte sich die Familie zum Morgengebet und Opfer vor dem Hausaltar. Dann besprach das Familienoberhaupt die anstehenden Tagesgeschäfte oder empfing seine Klienten, um ihnen Aufträge zu erteilen. Am Ende der 2. Stunde, um etwa 9.00 Uhr, wurde gefrühstückt. Dann ging man zur Arbeit. Um die Mittagszeit aß man zu Hause oder in einer Imbissstube und ruhte sich etwas aus. Um etwa 13.30 Uhr setzte man die Arbeit fort. Wer es sich leisten konnte, arbeitete nur am Vormittag.

Spiele und Freizeit

Kinderspiele

Die römischen Kinder kannten die unterschiedlichsten Spiele. Beliebt waren Verstecken, Schaukeln, Blindekuh, das „die Fliege fangen" hieß, verschiedene Ballspiele, Tauziehen, Seilhüpfen, Fangen, Huckepack, Sackhüpfen, Rate-, Geduld-, Denk- und Geschicklichkeitsspiele sowie Rollenspiele wie Vater-Mutter-Kind, Richter und Angeklagter, Gladiatoren und Soldaten.

An Spielzeug gab es Puppen, Tiere aus Holz oder Ton, Kreisel, Reifen, Drachen, Steckenpferdchen, verschiedene Brettspiele und Knochenwürfel. Beliebt waren auch Haustiere, wie Mäuse, Tauben, Gänse, Schafe, Katzen und Hunde.

In der Antike wurde viel mit sogenannten Astragalen gespielt, das sind Knöchelchen aus dem Sprunggelenk von Ziegen oder Schafen. Man konnte sie bei Geschicklichkeitsspielen verwenden oder damit würfeln, wie in der Darstellung der Knöchelspielerin zu sehen ist. Abguss einer römischen Marmorkopie, Ende des 2. Jahrhunderts n. Chr.

← Brettspiel und Zubehör

Kleine tönerne Tiere sowie Pferde mit Reitern auf Rädern zum Ziehen und Schieben aus Köln (Nordrhein-Westfalen)

Entspannung und Vergnügen für die Erwachsenen

Auch die erwachsenen Römer liebten es, sich nach der Arbeit zu erholen und zu entspannen. Es gab zahlreiche Lokale, Badeanstalten und Sportplätze. Häufig fanden religiöse Feste, Feiern mit Berufskollegen sowie kostenlose öffentliche Veranstaltungen statt.

Man traf man sich mit Freunden, aß oder trank zusammen und vertrieb sich die Zeit bei Würfel- oder Brettspielen. Diese ähnelten unseren heutigen Mühle-, Dame-, Backgammon- oder Tric-Trac-Spielen.

Freizeit im Bad

Badeanstalt von Weißenburg (Bayern), um 150 n. Chr.

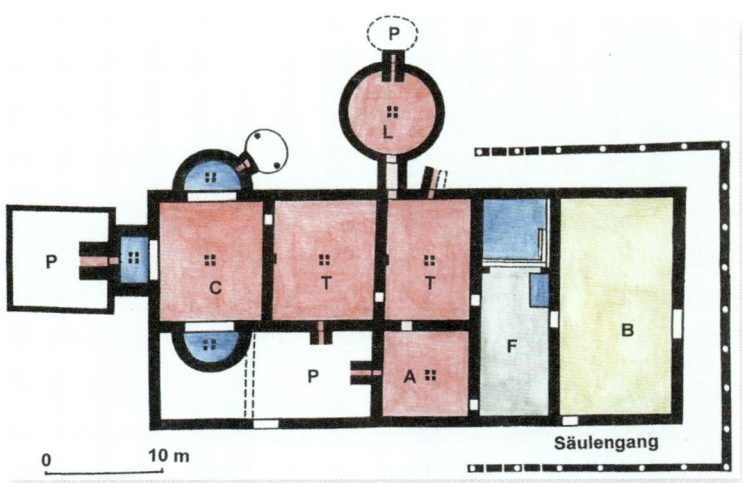

Grundriss der Badeanstalt von Weißenburg (Bayern), um 150 n. Chr.:

A Umkleideraum
B Gymnastikhalle
C Warmbad
F Kaltbad
L Sauna
P Heizraum
T beheizter Ruheraum

Spiele und Freizeit

Viele ausgegrabene Badeanlagen zeigen, wie groß die Badeleidenschaft der Römer war. In den sogenannten Thermen konnte man ein erfrischendes oder ein warmes Bad nehmen, den Körper pflegen, Sport treiben, sich mit Freunden und Geschäftspartnern treffen, etwas essen und trinken und sich entspannen.

Jede Badeanstalt hatte einen beheizten Ruheraum sowie Kalt-, Warm- und Heißwasserbecken, die über eine Fußboden- und Wandheizung erwärmt wurden (vgl. S. 159 ff). Große Thermen verfügten über mehrere Becken, Ruhe- und Aufenthaltsräume, Saunen, Dampfbäder, Sportplätze oder -hallen und Räume für Ärzte. Hinzu kamen Vortragssäle, Bibliotheken, Geschäfte und Imbissstände. Besonders beliebt waren Kuren in Heilthermen mit Thermalquellen, wie in Badenweiler (Baden-Württemberg).

Ein Besuch in den Thermen begann im Umkleideraum, wo man sich entkleidete. Dann begab man sich in den beheizten Ruheraum, in das Tepidarium. Hier wärmte man sich auf, salbte den Körper mit Öl ein, schabte den Schmutz mit einem Striegel ab und wusch sich.

Der eigentliche Badegang begann mit dem Warmbad im Caldarium. Hier setzte man sich in eines der Warmwasserbecken und genoss die wohltuende Wärme. Die Becken boten oft nur wenigen Personen Platz und waren nicht sehr tief. Daher eigneten sie sich nicht zum Schwimmen.

Hatte man sich im Warmbad, im Dampfbad oder in der Sauna genügend aufgeheizt, kühlte man sich im Kaltwasserbecken des Frigidariums ab. Anschließend erholte man sich auf Bänken im beheizten Ruheraum. Man ließ sich massieren oder etwas zum Essen bringen.

Wer sich körperlich betätigen wollte, tat dies auf dem offenen oder überdachten Sportgelände. Beliebt waren Krafttraining oder Gymnastik, Laufen, Ringen, Boxen oder Ball- und Geschicklichkeitsspiele.

Da die Römer meist nackt badeten, gingen Frauen und Männer getrennt baden. So besuchten auf dem Land die Frauen am Vormittag und die Männer am Nachmittag die Thermen. In den Städten gab es getrennte Badeanstalten für Frauen und Männer.

Fußboden- und Wandheizung in der Badeanstalt von Weißenburg (Bayern)

Im Theater

In Städten und großen Ansiedlungen wurden in halbrunden Freilichttheatern Komödien und Tragödien nach griechischem Vorbild aufgeführt. Bei allen sehr beliebt waren komisch-turbulente Stücke oder Pantomimen, bei denen die Schauspieler charakteristische Masken trugen, und Tanz- und Musikaufführungen, in denen Liebe, Verbrechen, Mord und Tod im Mittelpunkt standen. In der Regel waren die Schauspieler nur Männer. Für Musik- und Tanztheater, das ohne Masken gespielt wurde, und Pantomimen mit ihren Tanzeinlagen wurden auch Frauen engagiert. Es gab fest angestellte Schauspielergruppen in den Großstädten, aber auch Wanderbühnen, die durch das Land zogen.

Tod in der Arena

Ein besonders grausames „Freizeitvergnügen" waren Hetzjagden, Tier- und Gladiatorenkämpfe. Sie fanden in ovalen Amphitheatern aus Holz oder Stein statt und dauerten meist den ganzen Tag. Am Vormittag wurden wilde Tiere aufeinander oder auf Menschen losgelassen. Um die Mittagszeit folgte die Hinrichtung von Verbrechern. Am Nachmittag

Wagenlenker. Ausschnitt aus dem Polydus-Mosaik aus den Kaiserthermen in Trier (Rheinland-Pfalz)

Spiele und Freizeit

Die Gladiatoren kämpften mit unterschiedlichen Waffen gegeneinander. Das bekannteste Gladiatorenpaar bildeten der „Fischer" und der „Fisch". Während der Fischer (links) seinen Gegner mit einem Netz zu fangen und mit einem Dreizack zu töten versuchte, war der Fisch (rechts) mit Helm, Schild und Schwert bewaffnet. Ausschnitt aus dem Mosaik von Nennig (Saarland)

standen Gladiatorenkämpfe auf dem Programm. Hinzu kamen kurze Auftritte von Artisten und Clowns sowie Musikeinlagen.

Gladiatoren wurden speziell für die Kämpfe ausgebildet. Beim Kampf ging es darum, den Gegner kampfunfähig zu schlagen oder zu töteten. Über Tod oder Leben der Besiegten entschied das Publikum. Die Sieger erhielten einen Palmzweig oder auch Geld und kehrten bis zum nächsten Kampf in ihre Kasernen zurück.

Neben militärischen Reiterspielen (vgl. S. 54) waren Wagenrennen sehr beliebt. In Trier wurde eine Rennbahn mit nahezu 500 Metern gefunden. Auch wenn noch keine weiteren Rennbahnen dieser Größe ausgegraben wurden, kann man davon ausgehen, dass jede größere Stadt eine Rennbahn, Circus genannt, hatte. Für die Anlage genügten ein lang gestrecktes Tal oder ein ebenes Gelände. Wagenrennen waren ein echter Profisport, der Sklaven und Freigelassenen eine Traumkarriere mit hohen Preisgeldern versprach. Fehlendes „Fair Play" und Unachtsamkeit oder Übereifer führten jedoch häufig zu schweren Verletzungen und sogar zum Tod.

Spiele und Freizeit

Die Römer und ihre Götter

Die kapitolinische Trias, von links nach rechts: Minerva, Jupiter, Juno; Marmorgruppe aus Trier (Rheinland-Pfalz), 2. Jahrhundert n. Chr.

Römische Gottheiten

Die Römer verehrten eine Vielzahl von Göttern und Göttinnen. An der Spitze des römischen Götterhimmels standen Jupiter, Juno und Minerva. Sie hatten ihren Haupttempel auf dem Kapitol-Hügel in Rom.

← Tempelschatz von Weißenburg

Jupiter, der Gott des Himmels, des Regens und des Donners war der mächtigste Gott. Die Zeichen seiner Macht waren ein Bündel aus Blitzen und ein langes Zepter. Sein Symboltier war der Adler. Seine Ehefrau Juno wurde als Beschützerin der Frauen, der Ehe und der Geburt verehrt. Ihr Symboltier war der Pfau. Minerva wurde aus dem Kopf des Jupiter geboren und war die Göttin der Weisheit und des Handwerks. Ihr Symboltier war die Eule. Zu ihr beteten Handwerker, Schauspieler, Musiker und Schüler.

> **Weitere wichtige römische Gottheiten**
>
> **Apollo:** Gott des Lichtes, der Musik, der Künste und der Heilkunst
> **Diana:** Göttin der Natur und der Jagd
> **Mars:** Gott des Ackerbaus, aber auch des Krieges
> **Merkur:** Gott des Handels und der Redekunst
> **Neptun:** Gott des Wassers und des Meeres
> **Pluto:** Gott der Unterwelt
> **Saturn:** die älteste römische Gottheit, der Gott der Saat
> **Venus:** Göttin der Schönheit, Liebe und der Fruchtbarkeit
> **Vulkan:** Gott des Feuers und der Schmiede

Als Hausgötter und Schutzgeister verehrten die Römer die Laren und Penaten, die Geister der Verstorbenen und den Genius, den persönlichen Schutzgott des Menschen. Neben diesen Gottheiten gab es auch eine Reihe von Halbgöttern, die aus der Verbindung von Göttern und Menschen hervorgingen. Der berühmteste von allen ist Herkules, der für seine Stärke bekannt war.

Einheimische Gottheiten in römischem Gewand

Die Römer glaubten auch an die Macht der Gottheiten ihrer Feinde. Gemäß ihrem Wahlspruch „Ich gebe dir, was du forderst, damit du mir hilfst", beteten sie vor einem Krieg zu den Göttern ihrer Gegner und versprachen ihnen eigene Tempel, wenn sie den Römern halfen. So wurden immer neue Gottheiten in den römischen Götterhimmel aufgenommen. Einige einheimische Gottheiten behielten ihren ursprünglichen keltischen oder germanischen Namen, andere verschmolzen mit römischen Gottheiten oder erhielten römische Namen. So wurde der keltische Gott der Heilkunst, Grannus, mit Apollo gleichgesetzt oder die ebenfalls keltische Göttin der Jagd und der Natur, Abnoba aus dem Schwarzwald, verschmolz mit Diana.

Epona aus Köngen (Baden-Württemberg), um 200 n. Chr. Die keltische Pferdegöttin wurde von Bauern und römischen Reitersoldaten verehrt.

Die Römer und ihre Götter

Der göttliche Kaiser

Bereits Augustus, der erste Kaiser, wurde wie ein Gott verehrt. Auch seine Nachfolger beriefen sich auf ihre göttliche Abstammung und wurden Göttern oder Mensch gewordenen Göttern gleichgesetzt. Wie bei Göttern wurden ihnen zu Ehren goldene und silberne Statuen oder Büsten aufgestellt.

Der Kaiserkult wurde zur Staatsreligion. Neben dem Kaiser wurden später auch der kaiserlichen Familie göttliche Ehren zuteil. Der Eid auf den Kaiser, Gebete und Opfer vor der Statue oder Büste des Kaisers war Pflicht. Wer sich – wie die Christen – weigerte, wurde als Hochverräter angeklagt und konnte mit dem Tod bestraft werden. Als das Christentum Staatsreligion wurde, änderte sich der Kaiserkult. Der Kaiser wurde nun nicht mehr als „Herr und Gott" angebetet, sondern als „Stellvertreter Christi auf Erden", als Kaiser von Gottes Gnaden verehrt.

Aus Gold getriebene Büste des Kaisers Marc Aurel (161–180 n. Chr.), Fundort: Avenches (Schweiz)

Die Römer und ihre Götter

Der Mithrasstein aus Frankfurt-Heddernheim (Hessen), um 200 n. Chr.

Die Erlösung aus dem Osten

Große Anziehungskraft hatten orientalische Gottheiten und Geheimkulte, die ihren Anhängern Erlösung, Wiedergeburt oder ein glückliches Leben nach dem Tod versprachen. Besonders verehrt wurde Mithras, der altpersische Lichtgott, der die Welt vom Bösen erlöste, indem er den heiligen Stier tötete. Der Mithraskult war in der Kaiserzeit der am weitesten verbreitete Geheimkult. Doch da nur Eingeweihte zugelassen waren, wissen wir sehr wenig über ihn.

Das Judentum

Teil eines Öllämpchen mit der Darstellung eines siebenarmigen Leuchters aus Trier (Rheinland-Pfalz), 4. Jahrhundert n. Chr.

Für die Römer war das Judentum wie auch später das Christentum eine von vielen Religionen. Von anderen Religionen unterschied sie sich vor allem durch ihren Glauben an einen einzigen Gott. Nach dem römisch-jüdischen Krieg zerstörten die Römer 70 n. Chr. den jüdischen Tempel in Jerusalem, nach der Niederschlagung weiterer Aufstände 135 n. Chr. auch Jerusalem selbst. Danach durften Juden nicht mehr dort wohnen. Daher flohen viele Juden oder wanderten nach Alexandria, Rom und in andere Mittelmeerstädte aus.

Dass Menschen jüdischen Glaubens auch in die Rhein- und Donauprovinzen kamen, belegen Funde wie z. B. Fingerringe, Öllämpchen oder Grabmäler mit jüdischen Symbolen und Schriftzeichen.

Das Christentum

Christen waren für die Römer zuerst Anhänger einer von mehreren jüdischen Glaubensgemeinschaften. Da sich auch Nichtjuden taufen lassen konnten und unabhängig von ihrer Herkunft und ihrem Stand in die christlichen Gemeinden aufgenommen wurden, breitete sich das Christentum schnell im ganzen Römischen Reich aus. Christen beteten zwar für den Kaiser, erkannten ihn jedoch nicht als Gott an. Daher wurden sie immer wieder zu Staatsfeinden erklärt und an manchen Orten bereits sehr früh verfolgt.

Die Römer und ihre Götter

Mit Kaiser Konstantin dem Großen (306 – 337 n. Chr.) verbesserten sich die Lebensbedingungen der Christen grundlegend. Konstantin garantierte die freie Religionsausübung und gab den Christen viele Rechte. Unter Kaiser Theodosius wurde das Christentum schließlich Staatsreligion.

Die ersten Christen gelangten vor 200 n. Chr. nach Deutschland. Es waren vor allem Händler und Soldaten, die über Frankreich und Norditalien nach Trier, Köln, Mainz und Augsburg und in andere Provinzstädte kamen. Ob Christen in Deutschland verfolgt wurden, ist nicht nachweisbar. Heiligenlegenden, wie etwa über den Märtyrertod der heiligen Afra in Augsburg, berichten jedoch davon.

Als die Christen ihre Religion frei ausüben durften, entstanden auch auf dem Land christliche Gemeinden. Es wurden Kirchen gebaut, Bischöfe eingesetzt und Bistümer errichtet.

Mit dem Zusammenbruch der römischen Herrschaft verschwanden bei uns viele christliche Gemeinden. Lediglich in den Städten und in den Kastellen scheinen christliche Gemeinschaften überlebt zu haben.

Bruchstück einer Glasschale aus Rom mit Christusdarstellung aus Obernburg am Main, (Bayern), um 360 bis 400 n. Chr.

Die Römer und ihre Götter

Namen damals und heute

Heutige Orte und ihre römischen Namen

Es sind hier nicht alle heutigen Orte, die im Buch erscheinen, verzeichnet, da sie zum Teil noch nicht existierten bzw. wir den römischen Namen nicht kennen.

Augsburg	Augusta Vindelicum
Augst	Augusta Raurica
Bonn	Bonna
Eining	Abusina
Innsbruck	Pons Aeni
Kempten	Cambodunum
Köln	Colonia Agrippina
Ladenburg	Lopodunum
Lorch	Lauriacum (nicht gesichert)
Mailand	Mediolanum
Mainz	Mogontiacum
Nijmegen	Ulpia Noviomagus Batavorum
Pfünz	Vetoniana
Regensburg	Castra Regina
Remagen	Rigomagus
Rheinzabern	Tabernae
Rosenheim	Pons Aeni
Rottweil	Arae Flaviae
Straßburg	Argentoratum
Trier	Augusta Treverorum
Weißenburg	Biriciana
Xanten	Colonia Traiana

Heutige Flüsse und ihre römischen Namen

Rhein	Rhenus
Donau	Danuvius
Rhône	Rhodanus
Main	Moenus

Heutige Ländernamen

Länder, wie wir sie heute kennen, existierten zur Zeit der Römer nicht. Die römischen Provinzgrenzen decken sich nicht mit heutigen Staatsgrenzen. Zudem gab es zu verschiedenen Zeiten unterschiedliche Provinzen und Grenzverläufe. Deshalb verzichten wir hier auf eine Gegenüberstellung von römischen Provinzen und heutigen Staaten.

Bildnachweis

Archäologische Staatssammlung München / Foto: Manfred Eberlein: Umschlag, S. 16, 51 rechts, 55 Mitte, 55 rechts, 63, 73, 84, 93, 113, 126 rechts, 131, 134, 135, 142, 145, 147 unten, 164, 171; Foto: R. Müller: S. 55 links; Foto: Stefanie Friedrich: S. 114; Foto: Konrad Rainer: S. 68, 118 links unten

Archäologisches Landesmuseum Baden-Württemberg / Foto: M. Hofmann: S. 49 links; Foto: Y. Mühleis LAD: 49 rechts; Foto: M. Schreiner: 137

Archäologisches Museum Colombischlössle, Freiburg: S. 126 links

Archäologisches Universitätsmuseum Innsbruck: S. 9 links

Archivio Fotografico del Parco Archeologico di Ostia Antica: S. 117

Augusta Raurica: S. 92, 128, 143; Foto: Ursi Schild: S. 74; Foto: Susanne Schenker: S. 105 unten

AVENTICVM – Site et Musée romains d'Avenches: S. 168

Nino Barbieri / CC BY-SA 3.0: S. 21

Bayerisches Landesamt für Denkmalpflege / Foto: Krahe: S. 59; Foto: Braasch: 119 rechts oben

Deutsches Klingenmuseum Solingen: S. 50 rechts

Dießenbacher Informationsmedien für LVR-Archäologischer Park Xanten: S. 102

Generaldirektion kulturelles Erbe Rheinland-Pfalz – Direktion Landesmuseum Mainz / Foto: Ursula Rudischer: S. 29, 50 links unten, 112, 140

Generaldirektion kulturelles Erbe Rheinland-Pfalz – Rheinisches Landesmuseum Trier / Foto: Thomas Zühmer: S. 56, 65, 106, 107 unten, 108, 120, 125, 132, 136, 146, 151, 162, 165, 170; Zeichnung: Lambert Dahm: S. 96; Drohnenfoto: W. Fuchs: S. 105 oben; Foto: H. Thörnig: S. 163

Generaldirektion kulturelles Erbe Rheinland-Pfalz – Rheinisches Landesmuseum Trier und Dießenbacher Informationsmedien: S. 104

Jean-Claude Golvin: S. 87

Historisches Museum der Pfalz Speyer / Foto: Peter Haag-Kirchner: S. 19, 51 links

Wolfgang Huppertz: S. 33 rechts

ISER- Informatik-Sammlung Erlangen: S. 127

Johann Jaritz / CC BY-SA 4.0: S. 141

Kantonarchäologie Aargau: S. 48 links

kelten römer museum manching / Foto: Wolfgang David: S. 33 links

Laurianne Kieffer - Musée de La Cour d'Or – Metz Métropole: S. 123

Peter Kolb (Umzeichnungen): S. 8, 11, 14, 26, 35, 58, 88, 89, 159 unten

Nicolas von Kospoth (Triggerhappy) / CC BY-SA 2.5: S. 101

Kunstsammlungen und Museen Augsburg : S. 61 (Inv.-Nr. 1017_07), 133 links (Inv.-Nr. Lap 241)

Landesamt für Denkmalpflege und Archäologie Sachsen-Anhalt / Foto: Andrea Hörentrup: S. 75

Landesmuseum Württemberg / Foto: Hendrik Zwietasch: S. 139, 144, 154; Foto: P. Frankenstein / H. Zwietasch: S. 52, 167

Legio XXI rapax: S. 38

Rekonstruktion und Modellbau LINK3D, Freiburg: S. 37

LVR-Archäologischer Park Xanten / Foto: Axel Thünker DGPh: S. 64, 90, 99, 118 links oben

LVR-Landesmuseum Bonn / Foto: Jürgen Vogel: S. 30, 31 rechts, 82, 109, 119 rechts unten

LWL-Archäologie für Westfalen / K. Burgemeister: S. 53 unten

Mediatus / CC BY-SA 3.0: S. 100

Musée Archéologique de Strasbourg / Foto: Musées de Strasbourg, M. Bertola: S. 32

Museo Archeologico Nazionale di Aquileia: S. 116

Museo Civico Archeologico, Bologna. All rights reserved / Foto: Marco Ravenna: S. 47 rechts

Museo e Tesoro del Duomo di Monza / Foto: Piero Pozzi: S. 24

Museum Aargau: S. 147 oben

Museum für Abgüsse Klassischer Bildwerke München / Foto: Roy Hessing: S. 157

Museum Höfli, Bad Zurzach / Foto: Claude Giger; Erbauer des Modells: Marius Rappo: S. 44

Museum Quintana, Künzing: S. 86

Museum Römerhalle, Bad Kreuznach: S. 31 links

National Museum of Antiquities, Leiden: S. 91

The National Museum of Denmark: S. 12

NLK Kasper/Bernhart: S. 54

Ritchie Pogorzelski (aus ders.: Die Traianssäule in Rom. Mainz: Nünnerich-Asmus Verlag & Media 2012): S. 28, 40, 53 oben

Regionální muzeum v Mikulově: S. 17

Rheinisches Bildarchiv Köln: S. 23 (Inv.-Nr. rba_d037480), 83 (Inv.-Nr. rba_d048461), 158 (Inv.-Nr. rba_d023497)

Rosa-Maria Rinkl / CC BY-SA 4.0: S. 18

Römermuseum Bedaium, Seebruck / Foto: Josef Schwab: S. 72

Römermuseum Weißenburg: S. 36, 45, 159 oben, 161

Römische Villa Borg / Foto: Alexander M. Groß: S. 110

Römisch-Germanisches Museum, Köln: S. 118 rechts, 119 links

Römisch-Germanisches Zentralmuseum / Foto: V. Iserhardt: S. 148; Foto: R. Müller, V. Iserhardt: S. 62, 107 oben; Grafik: M. Ober: S. 48 rechts

D. Rothacher, archaeoskop / Römermuseum Osterburken: S. 15

Staatliche Antikensammlungen und Glyptothek München / Foto: Renate Kühling: S. 129, 138

Staatliche Münzsammlung München: S. 9 rechts, 13, 67

Stadt Kempten / Foto: Andreas Ellinge: S. 103

Stiftung Römermuseum Schwarzenacker / Foto: H.-D. Morche: S. 85

Stiftung Stadtmuseum Wiesbaden: S. 80, 156, 169

Varusschlacht im Osnabrücker Land / Foto: Christian Grovermann: S. 10

VEX.LEG.VIII.AVG, Alexander Zimmermann: S. 42, 46, 47 links, 49 Mitte, 50 links oben (3 Abb.), 51 Mitte, 76, 133 rechts

Berthold Werner: S. 94

www.Mules-of-Marius.com: S. 43

Trotz sorgfältiger Recherche konnten nicht sämtliche Rechteinhaber ausfindig gemacht bzw. kontaktiert werden. Diesbezügliche Hinweise nimmt das MPZ dankend entgegen.

Zum Weiterlesen

Wer mehr über die Römer allgemein oder im heutigen Deutschland wissen möchte, hat die Auswahl aus vielen Büchern. Eine ausführliche Aufstellung ist zu finden unter:

https://www.mpz-bayern.de > Veröffentlichungen > Materialien > Die Römer bei uns - Literatur

Museumspädagogik

Alfred Czech
Kunststpiele
Spielend Kunst verstehen lernen
ISBN 978-3-89974754-6, 176 S.,
14,8 x 14,8 cm, farbig, € 15,80

Sabine Hojer
Antike Götter
ISBN 978-3-89974812-3, 104 S.,
14,8 x 14,8 cm, farbig, € 9,80

Franz Hofmeier
Der Erste Weltkrieg
ISBN 978-3-89974929-8, 112 S.,
14,8 x 14,8 cm, farbig, € 9,80

Franz Hofmeier
Bayern und seine Könige
ISBN 978-3-7344-0079-7, 136 S.,
14,8 x 14,8 cm, farbig, € 12,80

Jetzt den aktuellen Newsletter bestellen unter **www.wochenschau-verlag.de**
Tel.: 07154/13 27-30 • info@wochenschau-verlag.de • www.facebook.com/wochenschau.verlag

Standardwerk

Alfred Czech, Josef Kirmaier, Brigitte Sgoff (Hrsg.)

Museumspädagogik Ein Handbuch

Grundlagen und Hilfen für die Praxis

Wie wird ein Museumsbesuch zum Erlebnis? Diese Frage stellt sich von der Planung bis zur Durchführung einer solchen Veranstaltung immer wieder aufs Neue. Voraussetzung für erfolgreiche Vermittlungsarbeit ist, dass sie auf mehreren Ebenen gut vorbereitet ist. Das Handbuch „Museumspädagogik" gibt nicht nur wertvolle Tipps für die Planungsphase, sondern auch weitreichende Anregungen für die Arbeit mit verschiedensten Zielgruppen.

Das Buch richtet sich an alle, die als Lehrkräfte, pädagogisches Fachpersonal oder Erwachsenenbildner, als Freiberufler oder Museumsmitarbeiter bzw. -leiter Vermittlungsarbeit in Museen leisten und sich über die vielfältigen Aspekte der Museumspädagogik informieren wollen. Dies können Einsteiger sein, die erstmals derartige Aufgaben übernehmen, oder Profis, die Anregungen in der beruflichen Routine suchen. Neben Hintergrundinformationen über den Bildungsauftrag von Museen oder Entwicklungen und Tendenzen in der Museumspädagogik werden konkrete Methoden erklärt und praktische Hilfen gegeben.

ISBN 978-3-89974886-4,
352 S., € 49,80

Jetzt den aktuellen Newsletter bestellen unter **www.wochenschau-verlag.de**
Tel.: 07154/13 27-30 • info@wochenschau-verlag.de • www-facebook.com/wochenschau.verlag